आशीष, श्वेता

ISBN 979-8-88975-950-8

यह किताब हम, दो प्यारे बच्चों अवतंस(भतीजा) और ईश्वी(भतीजी) को समर्पित है। क्योंकि ये बच्चे हमें तीन चीजें सहजता से सिखाते हैं: बिना किसी कारण के खुश होना, हमेशा सृजन में व्यस्त होना और हम जो चाहते हैं उसे पूरी ताकत के साथ कैसे मांगा जाए।

-श्वेता, आशीष

एकै साधे सब सधै, सब सधे सध जाएं।

सूची

लेखक की ओर से

'सफलता का मतलब सिर्फ, असफल होना नहीं है। बल्कि सफलता का सही अर्थ है अपने असली मकसद को पाना। इसका मतलब है पूरा युद्ध जीतना, ना कि छोटी-छोटी लड़ाईया।'

— एडविन ब्लिस

नमस्कार!

प्रिय पाठकों, 'तट छोड़ के बहो' एक निर्माण पुस्तिका है। यह एक गाइड बुक है। यह हर कदम पर कामयाबी का सपना देखने से लेकर उन सपनों को सच करने के सिद्धांत और मूल्य उदाहरणों के माध्यम से बताती है।

एक बीज:

एक दिन हम जीवन को बेहतर बनाने पर चर्चा कर रहे थे। तभी प्रश्न आए। कुछ लोग फर्श से अर्श तक पहुंच जाते हैं, क्यों? कुछ लोग क्षमताएं होते हुए भी सफल नहीं हो पाते, क्यों? कुछ लोग शिखर पर पहुंचकर अचानक गिर जाते हैं, आखिर क्यों? कुछ लोग तो हताशा में आत्महत्या तक पहुंच जाते हैं, क्यों?

निष्कर्ष:

यह सब हमारी धारणाओं का खेल है।

धारणा क्या है?

धारणा कैसे बनती है?

हमारे स्वयं के, माता-पिता, परिवार और समाज के साथ हमारे अनुभवों का दोहराव धारणाओं का निर्माण करता है। यही वृद्ध धारणाएं, दूषित मान्यताएं, तर्कहीन पूर्वाग्रह नदी के तट पर पड़े कचरे और गाद पर शिकार खोजते बगुले के समान हैं। जो आपके उत्साह, सृजन और सपनों के शिकार के लिए तैयार हैं। और हम यकीन के साथ कह सकते हैं कि आप अपना शिकार नहीं कराना चाहते।

नदी के तट नदियों के विस्तार को बाधित करते हैं। यही से पल्लवित हुआ *'तट छोड़ के बहो'* का बीज।

किताब किस किस्म की है?

'Seeing in believing' देखकर ही विश्वास होता है। इसीलिए इस पुस्तक में अपने क्षेत्रों के 'शून्य से शिखर' तक पहुंचने वाले महारथियों की जीवनी दी गई है। ये वे लोग हैं जिन्होंने अपने तत्कालीन समाज, परिवेश की धारणाओं, मान्यताओं, पूर्वाग्रहों को तोड़कर अपने जीवन में उच्चता की शिखर पर पहुंचे हैं।

इन्हीं के साथ शामिल *हमारी धारणा*- हमारा छोटा सा प्रयास है उनके जीवन के को समझने और आप तक पहुंचाने का। जो कि हमारे वर्तमान ज्ञान और अनुभव पर आधारित है।

इन महान लोगों के उद्धरणों को *'कथन'* में इस उद्देश्य से रखा गया है ताकि आप उनके जीवन का सार, अनुभव, संघर्ष और सीख को उनके ही शब्दों में समझ सकें।

इस किताब को पढ़कर आप जान सकेंगे कि आप भी इस दुनिया को खूबसूरत तरीके से बेहतर बना सकते हैं। यह कहानियां बताती हैं कि जिंदगी सिर्फ सफल ही नहीं सार्थक भी होना चाहिए। ध्यान रखें सिर्फ जीत ही जिंदगी नहीं होती। दूसरों की जिंदगी बदलना बड़ी बात है।

क्यों पढ़ें?

हम मनोविज्ञान की उस परंपरा के पक्षधर हैं जो लोगों की धारणाओं और पूर्वाग्रहों की शक्ति को महत्वपूर्ण मानती है। इस परंपरा में

यह निहित है कि अगर आप अपनी धारणाओं (छोटी, पुरानी) को बदल ले तो आपका जीवन, खुशहाल और महान बना सकते हैं। आज आप जिसे अपना व्यक्तित्व मानते हैं उसका ज्यादातर हिस्सा दरअसल इन्हीं धारणाओं से बनता है। जो धारणाएं आपको पूरी क्षमता तक पहुंचने से रोक रही है, कष्टकारी हैं, विकास में बाधा है, उन्हें बदलना होगा। पुराने को हटाकर नया करना होगा नहीं तो आप समाप्त हो जाएंगे।

'तट छोड़ कर बहो' पढ़ने के बाद आपके सामने सब कुछ स्पष्ट हो जाएगा। आप समझ पाएंगे कि विज्ञान, कला, राजनीति, व्यवसाय और आम जीवन में कुछ लोग महान क्यों बने हैं और कुछ लोग महान बनने से क्यों चूकि जाते हैं। आप अपने जीवनसाथी, अपने बॉस, अपने मित्रों, समाज को समझ पाएंगे। आप यह भी समझ पाएंगे कि अपनी और अपनी संतानों की क्षमता को कैसे उभारना है।

यह किताब एक सुंदर हार हैं, जो उन्हीं मोतियों से बनाई गई है जो हमारी आपके आसपास है।

धन्यवाद!

-आशीष, श्वेता

आभार

हर कदम की तरह 'तट छोड़कर बहो' को लिखने में भी कई लोगों की मेहनत शामिल है। सबसे पहले हम नोशन प्रेस के साथियों के प्रति कृतज्ञता प्रकट करते हैं। आप लोगों ने प्रकाशन को हमारे लिए एक अद्भुत अनुभव बना दिया। हम (श्वेता और आशीष) अपने माता-पिता (क्रमशः रीना एवं सुभाष चंद; केतकी सिंह एवं रतिभान सिंह) के प्रति तहे-दिल-से आभार प्रकट करते हैं। हम जो भी हैं इन्हीं के आशीर्वाद से हैं। हम अपने परिवार के अन्य सदस्यों: शिखा सिंह, संजय सिंह, अभिषेक सिंह, प्रार्थना सिंह प्राची सिंह एवं कुशाग्र सिंह का सहयोग उत्साहवर्धक हैं। इनकी प्रेरणा और सहयोग से हमने इस पुस्तक को पूरा कर सके। हमारे शिक्षकों ज्ञानेंद्र प्रताप सिंह भदौरिया(P.E.S), अनुज दुबे एवं राज बिहारी मिश्र के प्रति हम कृतज्ञता प्रकट करते हैं जिनकी ईमानदार सलाह हमें प्रेरित करती है।

इस पुस्तक को मूर्त रूप देने में विचारों से और तकनीकी रूप से सहयोग देने के लिए हम शिवप्रताप सिंह, विष्णु कुमार के प्रति आभार प्रकट करते हैं।

'तट छोड़कर बहो' पुस्तक में इस्तेमाल की गई कहानियों और घटनाओं को कई जगहों से संकलित किया गया है। बदकिस्मती से कई बार उनके स्रोत मालूम नहीं है हो सके। उस सभी के प्रति हम आभार प्रकट करते हैं।

हम उन सभी लोगों के प्रति अपना आभार प्रकट करते हैं, जिन्होंने जाने-अनजाने इस पुस्तक के लिए अपना योगदान दिया।

-श्वेता, आशीष

ऐसी बानी बोलिए, मन का आपा खोए।

औरन को शीतल करे, आपऊ शीतल होय।।

1

पक्षी की उड़ान से अग्नि की उड़ान तक

15 अक्टूबर 1931 को धनुष्कोड़ी गांव, रामेश्वरम, तमिलनाडु में एक मध्यम वर्ग मुस्लिम परिवार में अबुल पाकिर जैनुलआब्दीन अब्दुल कलाम (A.P.J. कलाम) का जन्म हुआ था। इनके पिता ना तो ज्यादा पढ़े लिखे थे, न ही पैसे वाले थे। पर उनके विचार आम सोच से कहीं ऊपर थे, वे अपने सभी बच्चों को उच्च शिक्षा देना चाहते थे। इनकी माता का नाम असीम्मा था। जो ईश्वर में श्रद्धा रखने वाली एक गृहिणी थी। जैनुलाब्दीन और असीम्मा के पांच बेटे और पांच बेटियाँ थी। जिनका पालन पोषण मछुआरों को किराए पर नाव देकर प्राप्त होने वाली आय से किया जाता था।

पांच वर्ष की अवस्था में रामेश्वरम की पंचायत के विद्यालय में उनका अक्षरारंभ हुआ था। जहां वे अपने शिक्षक आया अयादुरै सोलोम से बहुत प्रभावित थे। सोलोम ने उनसे कहा था कि *'जीवन में सफलता तथा अनुकूल परिणाम प्राप्त करने के लिए तीन तत्वों पर काबू होना बहुत जरूरी है ख्वाहिश, यकीन और उम्मीद।'* पांचवी कक्षा में पढ़ते समय उनके अध्यापक उन्हें पक्षी के उड़ने के तरीके की जानकारी दे रहे थे, लेकिन जब छात्रों को समझ नहीं आया तो अध्यापक उनको समुद्र तट ले गए जहां उड़ते हुए पक्षियों को दिखा कर अच्छे से समझाया, इन्हीं पक्षियों को देखकर कलाम ने तय कर लिया कि उनको भविष्य में विमान विज्ञान में ही जाना है।

1939 में द्वितीय विश्व युद्ध के दौरान कलाम महज आठ साल के थे। तब उन्होंने अपने चचेरे भाई शमसुद्दीन के साथ अखबार बेचा। वे इमली के बीज इकट्ठा करते थे और मस्जिद के पास वाली सड़क पर बेच देते थे, दरअसल द्वितीय विश्व युद्ध के दौरान इमली के बीजों को पीसकर एक खास किस्म का पाउडर बनाया जाता था। जिसका इस्तेमाल युद्ध में काम आने वाली गाड़ियों में ईंधन के रूप में किया जाता था। जिस से प्राप्त आमदनी से वे अपनी

फीस देते थे। श्वार्टज हाईस्कूल और सेंट जोसेफ कॉलेज भी उनके शिक्षा संस्थान रहे।

अब्दुल कलाम ने 1950 में मद्रास इंस्टीट्यूट ऑफ टेक्नोलॉजी के अंतरिक्ष विज्ञान में प्रवेश लिया। M.I.T. में दाखिला महंगा था तो आपा *जोहरा* ने सोने के कड़े और चैन को बेचकर फीस का इंतजाम किया। बे M.I.T. में घंटों वायुयान को देखते रहते थे।

स्नातक होने के बाद उन्होंने हावर क्राफ्ट परियोजना पर काम करने के लिए भारतीय रक्षा अनुसंधान एवं विकास संस्थान (D.R.D.O.) में प्रवेश किया। 1962 में वे भारतीय अंतरिक्ष अनुसंधान संगठन (I.S.R.O.) में आए। जहाँ उन्होंने सफलतापूर्वक कई उपग्रह प्रक्षेपण परियोजना में अपनी भूमिका निभाई। परियोजना निदेशक के रूप में भारत के पहले स्वदेशी उपग्रह प्रक्षेपण यान SLV-3 के निर्माण में महत्वपूर्ण भूमिका निभाई। जिससे जुलाई 1982 में भारत का पहला उपग्रह रोहिणी (भारत का पहला उपग्रह) उपग्रह सफलतापूर्वक अंतरिक्ष में प्रक्षेपित किया गया था।

कलाम ने स्वदेशी लक्ष्य भेदी नियंत्रित प्रक्षेपास्त्र (गाइडेड मिसाइल) को डिजाइन किया। इन्होंने अग्नि एवं पृथ्वी जैसे प्रक्षेपास्त्रों को स्वदेशी तकनीकी से बनाया था। अग्नि मिसाइल का परीक्षण जब दो बार असफल हुआ तब मीडिया संस्थानों ने भारत की आर्थिक स्थिति को खूब भुनाया। कार्टूनिस्टों ने मजाक बनाया। जब पांच साल के नाकामियों और मशक्कत के बाद तीसरी बार में सफल हुआ। तब कलाम साहब ने एक प्रश्न के जवाब में कहा कि इस सफलता के लिए 100000 पेड़ लगाना चाहता हूं। उनके शब्दों में अग्नि हर भारतीय के दिल में धधकती लौ है, देश के मस्तक पर सामर्थ्य का तिलक है।

डॉ. कलाम 15 अक्टूबर 1991 में रिटायर होने के बाद जुलाई 1992 से दिसंबर 1999 तक रक्षा मंत्री के विज्ञान सलाहकार तथा सुरक्षा शोध और विकास विभाग के सचिव रहे। 18 जुलाई 2002 को डॉ. कलाम को 90% बहुमत से भारत का 11वां राष्ट्रपति चुना गया था। इनका कार्यकाल 25 जुलाई 2007 को समाप्त हुआ। अब्दुल कलाम व्यक्तिगत जीवन में बेहद अनुशासनप्रिय थे। इन्होंने अपनी जीवनी *विंग्स ऑफ फायर*, भारतीय युवाओं को मार्गदर्शन प्रदान करने के अंदाज में लिखी। इन्होंने अपनी पुस्तक *इंडिया 2020* में भारत को विकसित राष्ट्र बनाने की बृहद कार्य योजना दी।

राष्ट्रपति पद से मुक्त होने के बाद वे भारतीय प्रबंधन संस्थान (I.I.M.) शिलांग, भारतीय प्रबंधन संस्थान अहमदाबाद, भारतीय प्रबंधन संस्थान इंदौर, भारतीय विज्ञान संस्थान (I.I.Sc.) बेंगलुरु के मानद फेलो व एक विजिटिंग प्रोफेसर बन गए। भारतीय अंतरिक्ष विज्ञान एवं प्रौद्योगिकी संस्थान तिरुवनंतपुरम के कुलाधिपति, अन्ना विश्वविद्यालय में एयरोस्पेस इंजीनियरिंग के प्रोफेसर और अनुसंधान क्षेत्र में सहायक बन गए।

मई 2012 में, कलाम ने भारत के युवाओं के लिए एक कार्यक्रम, भ्रष्टाचार को हराने के एक केंद्रीय विषय के साथ, "मैं आंदोलन को क्या दे सकता हूँ" का शुभारंभ किया। उन्होंने तमिल में कविता लिखने तथा दक्षिण भारतीय वाद्य यंत्र को बजाने का भी आनंद लिया।

डॉ. ए.पी.जे. कलाम को 2003 व 2006 में *एम.टी.वी. यूथ आइकॉन ऑफ द ईयर* के लिए नामांकित किया। 2011 में आई फिल्म *आई एम कलाम* में एक गरीब लेकिन उज्जवल बच्चे पर कलाम के सकारात्मक प्रभाव को चित्रित किया गया।

27 जुलाई 2015 की शाम अब्दुल कलाम भारतीय प्रबंधन संस्थान शिलांग में, 'रहने योग्य ग्रह' पर व्याख्यान दे रहे थे तभी उन्हें दिल का दौरा पड़ा। और 83 वर्ष की आयु में उन्होंने कर्मनिरत रहते हुए अंतिम सांस ली। मृत्यु के तुरंत बाद वायुयान से दिल्ली लाया गया। पूरे राजकीय सम्मान के साथ प्रधानमंत्री नरेंद्र मोदी, राष्ट्रपति प्रणब मुखर्जी सहित बई दिग्गज नेताओं ने पुष्पहार अर्पित किए। 30 जुलाई 2015 को पूरे सम्मान के साथ रामेश्वरम के केपी करूंबु ग्राउंड में दफना दिया गया।

उनके अंतिम संस्कार में कई राज्यों के मुख्यमंत्रियों सहित सारे 350000 से अधिक लोगों ने अंतिम संस्कार में भाग लिया। उनके निधन पर प्रधानमंत्री नरेंद्र मोदी, पूर्व प्रधानमंत्री मनमोहन सिंह, दलाई लामा, भूटान के प्रधानमंत्री शेरिंग तोबगे और संयुक्त राज्य अमेरिका के राष्ट्रपति (तत्कालीन) बराक ओबामा सहित पूरी दुनिया से नेताओं ने शोक संवेदना प्रकट की।

डॉ. कलाम के 79वें जन्मदिन को संयुक्त राष्ट्र द्वारा *विश्व विद्यार्थी दिवस* के रूप में मनाया गया था। उन्हें लगभग 40 विश्वविद्यालयों द्वारा मानद डॉक्टरेट उपाधि प्रदान की गई थी।

भारत सरकार द्वारा उन्हें 1981 में पद्म भूषण और 1990 में पद्म विभूषण सम्मान प्रदान किया गया। 1997 में कलाम साहब को भारत का सर्वोच्च नागरिक सम्मान *भारत रत्न* प्रदान किया गया। वर्ष 2005 में न्यूजीलैंड की सरकार ने कलाम के स्विजरलैंड के आगमन के उपलक्ष में 26 मई को *विज्ञान दिवस* घोषित किया।

हमारी धारणा

डॉ. कलाम एक गहरा समुंदर है इस जमीन पर; जो अपने विचारों, ज्ञान और दूरदृष्टि से बेशुमार युवाओं को हमेशा प्रेरित और निर्देशित करते रहेगी। दुनियावी मानों में उनके पास कोई पूंजी भले ही ना हो लेकिन उनका संघर्ष, उम्मीद और विश्वास से भरा व्यक्तित्व सबसे बड़ी पूंजी है। उनका जीवन प्रमाण है कि मनुष्य और इंसान में जो सबसे बड़ा अंतर है वो है कल्पनाशीलता और सपने देखना। जो जानवर नहीं कर सकते।

समुद्र के किनारे उड़ते पक्षियों से लेकर मिसाइल मैन तक, रामेश्वरम के एक छोटे से गांव से निकलकर दुनिया में घराने तक, और खराब आर्थिक स्थिति में भी बड़े सपने देखना केवल कल्पनाशीलता, उम्मीद और विश्वास से ही संभव है। जब आप ऐसा कर रहे होंगे समस्याएं तब भी आएंगे लेकिन उनसे पार एक स्वर्णिम जीवन आपका इंतजार कर रहा है। तकलीफें कामयाबी की सच्चाई है। कोई शख्स कितना भी छोटा हो उसे हौसला नहीं छोड़ना चाहिए।

ख्वाहिश अगर दिल और जान से निकली हो, पवित्र हो और उसमें सिद्दत हो तो उसमें कमाल की एक विद्युत चुंबकीय ऊर्जा होती है। दिमाग जब सोता है तब वो ऊर्जा बाहर निकल जाती है और सुबह कायनात प्रमाण से सितारों की रफ्तार को अपने साथ समेटकर दिमाग में वापस लौट आती है। इसलिए आप जो चाहे वह अवश्य होगा तुम विश्वास करो।

किसी व्यक्ति की पहचान इससे नहीं होती कि उसको कितना मिला है बल्कि इससे होती है कि कितना दिया। देना ही जीवन है। आपने अपने लक्ष्यों से क्या पाया से ज्यादा महत्वपूर्ण है कि आप इस प्रक्रिया में क्या बने हैं। सरल बनो, असल बनो, सफल बनो।

हमारी शिक्षा व्यवस्था हमें जीतना तो बचपन से सिखाती है लेकिन जीना नहीं सिखाती। जीने के लिए प्यार, साथ, खुशी और शांति महत्वपूर्ण है। बाकी सभी भौतिक चीजें इनका सह उत्पाद हैं। पूरे जीवन की बेहतरीन यात्रा अकेले नहीं बल्कि साथ में तय की जाती है। रामेश्वरम के शिव मंदिर के तट पर मुस्लिम परिवार में पैदा होने वाले कलाम साहब ने ये बखूबी जिया है। इसके लिए इल्म, धैर्य और साहस की आवश्यकता होती है। हर तट तोड़कर बहने वाले नायक ने ऐसा किया है।

कथन

1. सबसे उत्तम कार्य क्या होता है? किसी इंसान के दिल को खुश करना, किसी भूखे को खाना देना, जरूरतमंद की मदद करना, किसी दुखियारी का दुख हल्का करना और किसी घायल की सेवा करना....

2. सपने वो नहीं जो हम सोते हुए देखते हैं सपने वो हैं जो हमें सोने नहीं देते।

3. किसी विद्यार्थी की सबसे जरूरी एवं महत्वपूर्ण विशेषताओं में से एक विशेषता यह है कि प्रश्न पूछना। इसलिए विद्यार्थी को प्रश्न पूछने में कोई संकोच नहीं करना चाहिए।

4. अगर तुम सूरज की तरह चमकना चाहते हो तो पहले सूरज की तरह जलो।

5. जिस तरह मेरी नियति ने आकार ग्रहण किया उससे किसी ऐसे गरीब बच्चे को सांत्वना अवश्य मिलेगी जो किसी छोटी सी जगह पर सुविधाहीन सामाजिक दशाओं में रह रहा हो।

6. आप तब तक लड़ना मत छोड़ो जब तक कि आप अपनी तय की हुई जगह पर ना पहुंच जाओ। यही एक बात है जो आपको विशेष बनाती है_ जिंदगी में एक लक्ष्य बनाओ, लगातार प्राप्त करो, कड़ी मेहनत करो और मध्य जीवन को प्राप्त करने के लिए हमेशा दृढ़ विश्वास रखो।

7. अंततः वास्तविक अर्थों में शिक्षा सत्य की खोज है। यह ज्ञान और आत्म ज्ञान से होकर गुजरने वाली एक अंतहीन यात्रा है।

Quick Resets

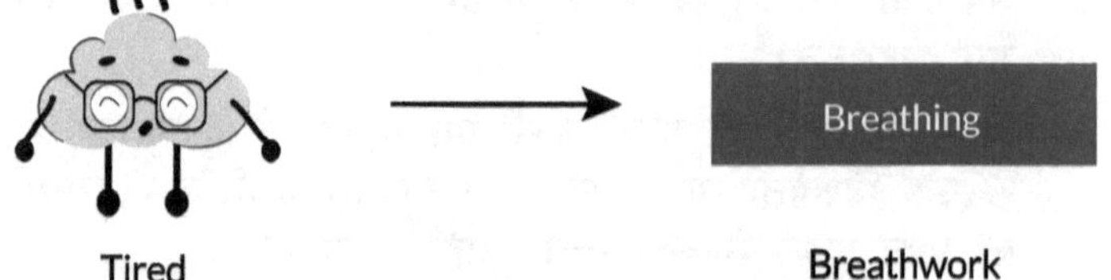

Tired

Breathwork

2

स्ट्रीट फाइटर से मार्शल आर्ट बादशाह

किसी इंसान की काबिलियत उसके शारीरिक दिखावे से नहीं, बल्कि उसके अपने काम के प्रति समर्पण और जुनून से मापी जाती है। क्योंकि यदि ऐसा संभव होता तो किसने सोचा था, कि 5 फुट 8 इंच की लंबाई और 64 किलो वजन वाला एक सामान्य दिखने वाला आदमी केवल 32 साल की अल्पायु में मार्शल आर्ट की दुनिया का भगवान बन जाएगा।

जून फान का जन्म 27 नवंबर 1940 में अमेरिका के सैन फ्रांसिस्को के चाइना टाउन में एक चीनी अस्पताल में हुआ था। उनके पिता *ली होई* एक प्रसिद्ध केनटोनी ओपेरा स्टार (चीनी) थे। उनकी मां *ग्रेस* की पृष्ठभूमि बहुत ही प्रभावशाली थी। वह हांगकांग के सबसे शक्तिशाली और धनी कुलों में से एक, *होतुंग* से संबंध रखती थी। जो हांगकांग में रॉकफेलर और कैनेडी जितना ही समृद्धशाली था। इस प्रकार जून फान एक भाग्यशाली वातावरण में बड़े हुए।

जून फान, जिन्हें ब्रूसली के नाम से जाना जाता है, कि प्रारंभिक शिक्षा कालून में स्थित सन स्कूल में हुई। उराके बाद 12 वर्ष की उम गें जी ने प्रतिष्ठित ला सल्ले कॉलेज के प्राथमिक विद्यालय प्रभाग में प्रवेश लिया। 1956 के आसपास खराब अकादमिक प्रदर्शन (या संभवत खराब आचरण के कारण भी) उन्हें सेंट फ्रांसिस जेवियर कॉलेज में स्थानांतरित कर दिया गया। 1959 में ली एक बाजारु लड़ाई में फंस गए और पुलिस के अनुसार यह संगठित अपराध पृष्ठभूमि का था। ली ने बारह हांगकांग स्कूलों के बीच, कार से पहुंचकर हांगकांग मुक्केबाजी चैंपियनशिप में बॉक्सिंग किया। ऐसा टूर्नामेंट जिसमें उन्होंने 1 मिनट के चरण की अवधि में गैरी एल्म्स को हराया।

मार्शल आर्ट से ली का पहला परिचय अपने पिता ली होइ च्युन के माध्यम से हुआ। उन्होंने वू शैली के ताई ची चुआन की बुनियादी बातें अपने पिता से सीखी। ली के शिक्षक, विंग चुन मास्टर त्यिप मैन, हांगकांग के वू शैली के ताई ची चुआन के शिक्षक बू-ता-ची के सहयोगी और मित्र भी थे। 1959 में संयुक्त राज्य अमेरिका में अपनी वापसी के बाद ली ने मार्शल कला का अध्यापन शुरू किया। जो वह सिखाते थे, उसे जुन फैन गुंग फू नाम दिया। जुन फैन गुंग फू (वस्तुतः ब्रूस ली का कुंग फू) विंग चुन के अतिरिक्त यह मूल्यत: उनका अपना दृष्टिकोण था। ली ने अपने मित्रों को प्रशिक्षण दिया जिनसे वे सिएटल में मिले थे, अपने पहले छात्र जूडो प्रशिक्षु जेस ग्लोवर से शुरुआत कर, जो बाद में उनका पहला सहायक शिक्षक बना। कैलिफोर्निया जाने से पहले ली ने अपना पहला मार्शल आर्ट ली जुन फैन गुंग फू इंस्टिट्यूट के नाम से सिएटल में खोला।

ली यह समझाने में सावधान थे कि मानसिक और आध्यात्मिक तैयारी मार्शल कला कौशल में शारीरिक प्रशिक्षण के सफलता के लिए मौलिक थी। अपनी पुस्तक, *द ताओ ऑफ जीत कुन डो* में उन्होंने लिखा।

ली का मानना था कि किसी भी मार्शल कलाकार के लिए पेट की मांसपेशियां सबसे महत्वपूर्ण मांसपेशी समूह है, क्योंकि असल में प्रत्येक हरकत में कुछ हद तक उदर कार्य की जरूरत पड़ती है। शायद विशेष रुप से, "पेट" एक कवच की तरह पसली की हड्डी और महत्वपूर्ण अंगों का रक्षण करता है।

वे 7 बजे से 9 बजे तक पेट, लचीलेपन, और दौड़ का अभ्यास करते थे और 11 बजे से 12 बजे तक वे बाहर प्रशिक्षण और साइकिल चलाते थे। ली के लिए एक विशिष्ट व्यायाम 15 से 45 मिनट में दो से 6 मील तक दौड़ना था, जिसमें वे 3 से 5 मिनट के अंतराल पर रफ्तार बदल लेते थे। ली एक स्थिर बाइक पर 45 मिनट में 10 माइल (16 किलोमीटर) के समकक्ष तक चलाते थे। ली कभी-कभी रस्सी कूदने की कसरत करते थे और साइकिल चलाने के बाद 800 रस्सी तक कूद जाते थे। ली अपनी मुट्ठी की त्वचा को मजबूत करने के लिए भी व्यायाम करते थे, जिसमें खुरदुरे पत्थरों और बंजरी से भरी बाल्टी में हाथों को धकेलना

भी शामिल था। वह इसकी 500 पुनरावृतियां किसी निश्चित दिन में करते थे। उनकी पत्नी लिंडा ली के अनुसार यूनाइटेड स्टेट्स आने के बाद, ली ने पोषण को गंभीरता से लेना शुरू किया। स्वास्थ्यवर्धक आहार, उच्च प्रोटीन पेय और विटामिन और मिनरल के पूरक में अपनी रुचि विकसित की।

उन्होंने बाद में निष्कर्ष निकाला कि उच्च क्षमता शरीर प्राप्त करने के लिए, कोई जंक फूड जैसे आहार से उसे पोषित नहीं कर सकता। "गलत ईंधन" से शरीर सुस्त या ढीली प्रक्रिया करेगा। ली ने सेकी हुई चीजों से भी परहेज किया, यह कहते हुए कि इससे कैलोरी प्राप्त हुई जिसने शरीर के लिए कुछ नहीं किया। लिंडा ली याद करती हैं कि ब्रूस ली की कमर 26 और 28 इंच के बीच डोलती थी। वे सब्जियों और फलों, अजवाइन, गाजर आदि से खुद का बनाया जूस पीते थे। ब्रूस हमेशा चीनी या अन्य एशियाई खाने को तरजीह देते थे, क्योंकि इसमें सुलभ विभिन्नता उन्हें पसंद थी। वे आहार अनुपूरक के भारी समर्थक भी थे। ली के फिटनेस समर्पण को देखकर मिस्टर ओलंपिया के संस्थापक जो बेईडर ने ली के शरीर को परिभाषित करते हुए कहा, "सबसे बेहतरीन परिभाषित शरीर जो मैंने आज तक देखा।"

ब्रूस ली ने अपने छोटे जीवनकाल में मुख्यता 24 फिल्मों में काम किया। वे मुख्य रूप से 5 फीचर फिल्मों में अपने अभिनय के लिए जाने जाते हैं, लो वाई की *द बिग बॉस* (1971), और *फिस्ट ओफ फ्यूरी* (1972), ब्रूस ली द्वारा निर्देशित और लिखित *वे ऑफ द ड्रैगन* (1972), बार्नर ब्रदर्स के *एंटर द ड्रैगन* (1973), रॉबर्ट क्लाउस द्वारा निर्देशित *द गेम ऑफ डेथ* (1978)। द गेम ऑफ डेथ फिल्म ने अमेरिका और यूरोप में ली को लोकप्रियता की बुलंदियों पर पहुंचा दिया। हालांकि, फिल्म के पूरे होने के कुछ ही महीनों 26 जुलाई 1973 को अत्यंत स्वस्थ ली की संदेहास्पद मृत्यु हो गई।

ली ने वाशिंगटन यूनेवर्सिटी से दर्शन की पढ़ाई की थी। उनके पास एक 2000 किताबों का विस्तृत पुस्तकालय था। मार्शल आर्ट और लड़ाई के दर्शन पर उनकी अपनी किताबें मार्शल आर्ट के अंदरूनी और बाहरी, दोनों हलकों में अपने दार्शनिक दावों के लिए जानी जाती हैं। ब्रूसली एक अच्छे स्केच आर्टिस्ट और कवि भी थे।

उनका विश्वास था कि कोई भी ज्ञान अंततः आत्मज्ञान की ओर ले जाता है और कहा कि उनकी आत्म-अभिव्यक्ति के लिए चुनी गई विधि मार्शल आर्ट है। उन को प्रभावित करने वालों में ताओवाद, जिड्डू कृष्णमूर्ति और बौद्ध धर्म शामिल है। जॉन लिटिल का कहना है कि ली नास्तिक थे। 1972 में जब उनसे पूछा गया उनकी धार्मिक संबद्धता क्या है, उनका जवाब था, "कुछ भी नहीं। मैं अगर बिल्कुल ईमानदारी से कहूं तो, सचमुच भगवान में विश्वास नहीं करता।"

बीसवीं सदी के सबसे प्रभावशाली मार्शल कलाकारों के बीच और शारीरिक फिटनेस के माध्यम से व्यक्तिगत विकास के उदाहरण के रूप में, ली को *टाइम पत्रिका* के सदी के सबसे महत्वपूर्ण 100 व्यक्तियों में महानतम नायकों और प्रतीकों में से एक के तौर पर नामित किया गया। NTU पर प्रसारित एक जापानी राष्ट्रीय सर्वेक्षण के अनुसार 31 मार्च 2007 को इतिहास के 100 सर्वाधिक प्रभावशाली लोगों में से एक के रूप में ली को नामित किया गया है। 2004 में UFC अध्यक्ष दाना व्हाइट ने ली को "मिश्रित मार्शल आर्ट के पिता" के रूप में श्रेय दिया।

ब्रूस ली का कथन ब्रूसली पर एकदम फिट बैठता है कि -अगर मैं कल मर जाता हूं, मुझे कोई दुख नहीं होगा। मैं जो जीवन में करना चाहता था वह कर चुका हूं, आप जिंदगी से ज्यादा उम्मीद नहीं कर सकते।

ब्रूस ली के अप्रतिम करतब

ली की अभूतपूर्व फिटनेस का अर्थ था कि वह कई असाधारण शारीरिक करतब करने में सक्षम थे। यद्यपि मिथक को तथ्य से अलग करना कठिन है। निम्न सूची में उनके शारीरिक कर्तव्य शामिल है।

1. 135 किलोग्राम वजन और 5 मीटर ऊंचे रेत के एक बैग को किक से कई मीटर ऊपर छत की तरफ उछालने का विश्व रिकॉर्ड ब्रूस ली के नाम है।

2. 3 फीट की दूरी से हमला करने में ब्रूस ली को मात्र 0.05 सेकेंड का समय लगता था जो आज तक एक वर्ल्ड रिकॉर्ड है। वे 1 सेकंड में 6 बार किक मारने की क्षमता रखते थे।

3. 1 सेकेंड में 9 बार पंच करने का वर्ल्ड रिकॉर्ड भी ली के नाम है। इनमें से हर एक किक से बे 75 किलो से अधिक के अपने प्रतिद्वंदी को 5-6 मीटर दूर धकेल सकते थे।

4. बॉक्सिंग की दुनिया का सरताज कहे जाने वाले मोहम्मद अली की पंचिंग पावर जितनी ब्रूस ली की पंचिंग पावर भी थी। ब्रूसली का वजन केवल 13 पाउंड्स था और उनका पंचिंग पावर 350 पाउंड्स।

5. ब्रूस ली ने 400 एक हाथ से, 200 दो उंगलियों से, 100 अपने एक अंगूठे से इस प्रकार कुल मिलाकर 1500 पुशअप करके विश्व रिकॉर्ड बनाया है।

6. गति के एक प्रदर्शन में ली एक व्यक्ति की खुली हथेली से उसको बंद करने से पहले एक टाइम छीन सकते थे और एक सिक्के को पीछे मोड़ सकते थे।

7. चावल के दाने ऊपर हवा में फेंक कर फिर उन्हें बीच उड़ान में ही चॉपस्टिक से पकड़ सकते थे।

8. ली कि भिंडर चाले काफी तेज होती थी उन्हें उस वक्त के परंपरागत 24 फ्रेम प्रति सेकंड का उपयोग करके स्पष्ट धीमी गति के लिए फिल्म पर चित्र करना काफी मुश्किल था इसलिए कई दृश्यों को बेहतर स्पष्टता के लिए 32 फ्रेम प्रति सेकंड में फिल्मांगा गया।

हमारी धारणा

दुनिया का प्रत्येक व्यक्ति अपनी शारीरिक बनावट, मानसिक स्तर, भावनात्मक दृष्टि, सामाजिक समझ और आर्थिक संपन्नता की दृष्टि से विशेष होता है। इसीलिए किसी भी व्यक्ति या कार्य के बारे में पूर्वाग्रह मत पालिए। हम अपनी इन्हें पूर्वाग्रहों की वजह से सच को स्पष्ट रूप से नहीं देख पाते हैं। क्योंकि प्रत्येक व्यक्ति हर पल सीख

रहा है और बदल रहा है। तभी तो डाकू रत्नाकर, महर्षि वाल्मीकि बन जाता है, एक स्ट्रीट फाइटर, मार्शल आर्ट का बादशाह बन जाता है।

ब्रूस ली के ही शब्दों में 'अपने मस्तिष्क को खाली करिए पानी की तरह बनिए। जब हम ऐसा करते हैं तब हम अहंकार, पूर्वाग्रहों और बाधाओं से दूर रहकर प्रभाव से बह पाते हैं। तब आप समझ पाएंगे कि केवल आपका ही मार्ग सही नहीं है।

सामान्यतः एक बच्चा अपनी पारिवारिक पृष्ठभूमि का व्यवसाय अपनाता है क्योंकि वहां तक उसकी पहुंच आसान भी होती है। सुविधाजनक और काम चलाऊ तो हो सकता है लेकिन स्वविकास के लिए विचारशील, कल्पनाशील एवं क्रियाशील होना अनिवार्य है।

तट तोड़ के बहने के लिए हमारा पानी की तरह निराकार होना अनिवार्य है। तभी वास्तविक विकास संभव है। रूढ़िवादी सोच हमें धर्म, जाति, रंग आदि के आकार देती है। लेकिन शिक्षा हमें इससे मुक्त करती है। शिक्षा का अर्थ डिग्री पाना नहीं, बल्कि इससे हम किस डिग्री तक समझदार और विचारशील बने हैं ये महत्वपूर्ण है। अपने जीवन को जीवंत बनाने के लिए चयन सब को करना पड़ता है और उसके लिए केंद्रित होकर कार्य करना होता है।

'स्वस्थ शरीर में ही स्वस्थ मस्तिष्क निवास करता है' अरस्तु ने ठीक ही कहा है। इसलिए अपनी सेहत का ख्याल रखिए। शारीरिक, मानसिक, भावनात्मक और सामाजिक सेहत का ख्याल रखिए। सेहत का कार्य कोई भी हो उसमें आदर्श बनने के लिए अभ्यास अति आवश्यक है। अपनी जिंदगी का गाना बेहतरीन सुर में गाने के लिए रियास आवश्यक है। मार्शल आर्ट में आपका प्रतिद्वंदी उस किक या पंच से घबराता है जिसका अभ्यास आपने 100 बार किया है ना कि अलग-अलग 1000 किक से जिनको आपने एक एक बार किया है।

अपनी प्रार्थनाओं में परमशक्ति से मांगिए कि 'हमारी जीवन हम पूरी शिद्दत से जिए और उस सकारात्मक उत्कृष्टता पर पहुंचे जहां तक मानव विकास की संभावना है।'

कथन

1. उसी का प्रयोग करो जो काम का है, और वह जहां से भी तुम्हें प्राप्त हो ले लो।

2. तुनकमिजाज जल्द ही आपको एक बेवकूफ बना देगा।

3. हमेशा अपने आप में रहो, खुद को अभिव्यक्त करो, खुद पर भरोसा रखो, बाहर जाकर किसी सफल व्यक्ति को मत खोजो और उनकी नकल ना करो।

4. किसी चीज के बारे मैं ज्यादा देर तक सोचते रहने से वह घटित नहीं हो सकती इसके लिए आपको उस कार्य को शुरू करने की आवश्यकता होती है।

5. आपको तब तक कोई चीज नहीं मिलती, जब तक आप उसके लायक नहीं बन जाते। क्योंकि बिना लायक के कोई सफलता प्राप्त होती हैं तो वह अधिक देर नहीं ठहरती।

6. जो चीजें जैसी है उसे उसी रूप में देखें। जब पंच मारना हो तो केवल पंच मारे, और जब किक मारना हो तब केवल किक मारे।

3

सृजनात्मकता का स्तंभ: कलाकार

लियोनार्डो द विंची का जन्म इटली के फ्लोरेंस प्रदेश के विंची नामक ग्राम में 1452 में हुआ था। इस ग्राम के नाम पर ही उनके कुल का नाम पड़ा। द विंची के पिता शेर पेइरो एक प्रसिद्ध वकील थे। उनकी मां कैटरीना विंची की ही किसी सराय में कभी नौकरानी रही थी। ऐसा माना जाता है कि लियोनार्डो द विंची की माता ने वकील साहब के अवैध पुत्र को जन्म दिया था। लियोनार्डो में शारीरिक सुंदरता तथा स्फूर्ति के साथ-साथ स्वभाव की मोहकता, व्यवहार कुशलता तथा बौद्धिक विषय में प्रवीणता के गुण थे।

इनके पिता ने इन्हें प्रसिद्ध चित्रकार, मूर्तिकार तथा स्वर्णकार आंद्रिया देल वेराक्यो के पास काम सीखने के लिए भेजा। सन 1482 में इन्होंने मिलान के ड्यूक को अपनी व्यावसायिक सेवाएं प्रदान करने हेतु पत्र लिखा। वहां पर लियोनार्डो द विंची को अपनी सेना में इंजीनियर पद पर रख लिया। वहां पर दा विंची ने ऐसे हथियारों के डिजाइन तैयार किए जो युद्ध में काफी उपयोगी सिद्ध हुए थे। मिलान के रईस लुडोविको स्फात्रा की सेना में रहते हुए उन्होंने दो महान कलाकृतियां लुडोविको के पिता की घुड़सवार मूर्ति तथा अंतिम व्यालू (The Last Supper) की शीर्षक चित्र पूरी की। द लास्ट सपर में सच है कि रात्रि भोज को दर्शाया गया है, जिसके दौरान यीशु मसीह प्रेरित हों को संशोधित करते हैं और कहते हैं आप में रो एक मुझे धोखा देगा।

1499 में लियोनार्डो मिलान छोड़कर फ्लोरेंस वापस आ गए जहां इन्होंने उन्होंने अन्य कृतियों के साथ मोनालिसा शीर्षक चित्र तैयार किया।

सन 1508 में फिर मिलान वापस आकर, वहां के फ्रांसीसी शासक के अधीन यह चित्रकारी, इंजीनियरी तथा दरबारी समारोहों

की सजावट और आयोजनों की देखभाल का अपना पुराना काम करते रहे। सन 1513 से 1516 तक रोम में रहने के पश्चात उन्हें फ्रांस के राजा, फ्रांसिस प्रथम अपने साथ ले गए और अब्बाज कोर्ट में इनके रहने का प्रबंध कर दिया।

विंची ने प्राचीन काल के कलाकृतियों की मुख्यत: नकल करने में समय नहीं बिताया। वे स्वभावत: प्रकृति के अनन्य अध्येता थे। जीवन के इनके चित्रों में अभिव्यंजक निरूपण की सूक्ष्म यथार्थता के सहित सजीव गति तथा रेखाओं के प्रवाह का ऐसा सम्मिलयन पाया जाता है जैसा इसके पूर्व के किसी चित्रकार में नहीं मिलता। यह पहले चित्रकार थे, जिन्होंने इस बात का अनुभव किया कि संसार के दृश्यों में प्रकाश और छाया का अभिलाषी सबसे अधिक प्रभावशाली तथा सुंदर होता है। इसलिए इन्होंने रंग और रेखाओं के साथ-साथ इसे भी उचित महत्व दिया।

लियोनार्डो की दृष्टि वस्तुओं को असाधारण रीति से ग्रहण करती थी। वे उन बातों को देख और अवधृत कर लेते थे। जिनका मंद गति फोटोग्राफी के चलन के पूर्व किसी को ज्ञान नहीं था। प्रक्षिप्त छाया के रंगों के संबंधों में वे जो लिख गए हैं, उनका 19वीं सदी के पूर्व किसी ने विकास नहीं किया। उनके धार्मिक और नैतिक विपर्ययों के संबंध में भी कुछ कहा जाता है, किंतु असाधारण प्रतिभावान मनुष्य को साधारण मनुष्यों के प्रतिमानों से मापना ठीक नहीं है।

लियोनार्डो द विंची ने 7000 पृष्ठों की एक पुस्तक लिखी थी जिसमें उन्होंने धरती की सुंदरता, उनके सुंदर दृश्य, शरीर विज्ञान से संबंधित चित्र, युद्ध में काम आने वाली मशीनें, लड़ाकू विमान आदि का विवरण था। लियोनार्डो द विंची एक ऐसे व्यक्ति थे जो पेंटर, आविष्कारक, संगीतज्ञ, मूर्तिकार, वैज्ञानिक, शरीर रचना वैज्ञानिक, भवन डिजाइन विशेषज्ञ और नगर नियोजक थे। अपने समय में उनका नाम बहुत प्रसिद्ध था और लोग उनकी बहुमुखी प्रतिभा का लोहा मानते थे। उनकी बहुमुखी प्रतिभा के कारण उन्हें "Universal Man" की उपाधि दी गई थी।

मेल्जी के साथ हुए पत्राचार के मसौदे में कड़वा स्वर लिखा हुआ था। जो दर्शाता है कि द विंची के अंतिम वर्ष बहुत खुशपूर्वक नहीं बीते थे। इनकी मृत्यु 67 साल की उम्र में 1519 में क्लॉक्स

(Clos-luce) में हो गई थी। उन्हें सेंट फलो रेटिन के महत्ता चर्च के पास दफनाया गया था।

हमारी धारणा

लियोनार्डो द विंची के जीवन के बारे में भले ही कोई अधिक जानकारी ना मिलती हो। लेकिन उनके द्वारा किए गए कला के बेहतरीन कार्य उनको समय के अंत तक जीवंत रखेंगे। जीवन को खूबसूरती से जीना भी एक कला है। इसलिए यदि बिंसी की कालजयी कला के रहस्य को समझ लिया जाए तो प्रत्येक व्यक्ति *आम से खास* बन सकता है।

"Ostinato Rigore का अर्थ Persistent Rigore अर्थात लगातार कठोरता।" यही विंची का सूत्र वाक्य है।

जी हां! हम थक जाते हैं। सारा दिन ऑफिस, घर-बाहर का कार्य करके थक जाते हैं। क्योंकि उसको करते वक्त हम खुद से कुछ ना कुछ वार्तालाप कर रहे होते हैं या दूसरों से। या हम दूसरों से तुलना कर रहे होते हैं। और इन सब चीजों का कुल सार यह होता है कि हम खुद को यह बता रहे होते हैं कि हम यह काम करने के लिए पैदा नहीं हुए। क्योंकि सिर्फ काम करने के लिए काम हो रहा होता है। हमेशा दिमाग ना थके इसके लिए हम को प्रारंभ से ही सजग रहते हुए प्रयास करने होंगे। *सीखते हुए करिए, करते हुए सीखिए।*

'Simplicity is the ultimate sophistication' अर्थात सादगी परम जटिलता है। सरल होना स्वयं में विशेषता है। और सादगी तब ही आती है जो अनुभव किया जाए वही कहा जाए। आज के दौर में जो व्यक्ति, फिल्म, वेब सीरीज, कविता, कहानी हिट है जिससे जुड़ा महसूस करे हर व्यक्ति। अर्थात जो बातचीत/चीज/व्यक्ति हमें सगझ आ जाए। जब हमारी समझ में आ जाता है, तब सरल लगता है।

सरल बनने के लिए पहले गहराई (मूल) में चीजों को समझना पड़ेगा। तभी हम बाहर लोगों को और सरलता से समझा सकते हैं। सीखना पड़ेगा। और सीखते वक्त जागृत रहना होगा- उसके भौतिक, मानसिक, सामाजिक और भावनात्मक पहलू के बारे में। तभी आप समझने को समझ सकते हैं।

अगर ऊपर लिखित बात हम आप को नहीं समझा पाए हैं तो हम भी अभी समझने की प्रक्रिया में है।

सरल बने, असल बने, सफल बने।

Learn how to see, realize that everything connects everything else.

देखना सीखिए (दर्शन), महसूस कीजिए कैसे हर एक चीज एक दूसरी चीज से जुड़ी हुई है। उदाहरण के लिए आप जो किताब का पेज पढ़ रहे हैं, उसके पीछे हमारी (आशीष, श्वेता) की मेहनत है। उसके भी पीछे हमारी उस धारणा को तोड़ने की सोच है जो आपके विकास को हर पल रोकती है। क्योंकि हम आपके ही जैसे थे।

देखने के लिए हमें पूर्वाग्रहों, उधार लिए ज्ञान और तर्कहीन धारणाओं, समाज के डर और अज्ञानता के चश्मे उतारने होंगे। चश्मा लगाकर हम स्पष्ट नहीं देख सकते। अपने अहम का चोला उतार कर देखना होगा।

Nothing can be loved or hated unless it is first understood.

अगर आप में पर्याप्त समझ हो जीवन की तो प्यार और नफरत के अलावा आप स्थितिप्रज्ञ हो जाएंगे। प्यार का अर्थ मोह नहीं होता। प्यार मुक्ति देता है और मोह बाँधता है। नफरत भी विपरीत भक्ति ही है। जैसे पुराणों की कहानियों में देखने को मिलता है कि कोई राक्षस किसी देवता के खिलाफ षड्यंत्र कर रहा है हर पल। वो विपरीत भक्ति ही कर रहा है। जो कि केवल अज्ञानता के कारण है। ज्ञान के प्रकाश में, समझ से रत्नाकर ही वाल्मीकि बनते हैं। हम जो भी कर, देख, सूंघ या महसूस कर रहे हैं। पूरी जीवंतता के साथ करना चाहिए।

ज्ञान और दर्शन से आप किसी भी किनारे से चिपकते नहीं हैं, धारणाओं की जंजीरों में जकड़ते नहीं है और भावनाओं के तूफान सत्य से आपको डिगा नहीं पाते। आप तट तोड़ कर बह जाते हैं अनंत समुद्र की ओर...

कथन

1. असली खुशी का अनुभव करने के लिए चीजों को समझना शुरू कीजिए।

2. इंसान को सबसे बड़ा धोखा अपने विचारों से ही मिलता है।

3. मैं उनसे प्रेम करता हूं जो मुसीबत में मुस्कुरा सकें, जो संकट में शक्ति एकत्रित कर सकें और जो आत्मचिंतन से साहसी बन सके।

4. तीन तरह के लोग होते हैं: वो जो देखते हैं, वो जो दिखाने पर देखते हैं, वो जो नहीं देखते हैं।

5. सफलता पाने वाले बैठकर चीजों के होने का इंतजार नहीं करते। वे बाहर जाते हैं और वे चीजें कर डालते हैं।

6. कला कभी खत्म नहीं होती, उसे बस त्याग दिया जाता है।

7. सादगी परम जटिलता है।

8. जैसे एक अच्छी तरह बिताया गया दिन सुखद नींद लेकर आता है, उसी तरह एक अच्छी तरह बिताया जीवन एक सुखद मौत ले कर आता है।

9. अंत की तुलना में शुरुआत में विरोध करना आसान होता है।

10. लोहे को अनुपयोग से जंग लगता है, गतिहीन पानी भी अपनी शुद्धता को खो देता है और ठंडा वातावरण भी जम जाता है, उसी तरह हमारा दिमाग भी निष्क्रिय होने से अशुद्ध हो जाता है।

4

वृद्ध गुरु

लाओ-सु एक सम्मान जताने वाली उपाधि है, जिसमें 'लाओ' का अर्थ है 'आदरणीय वृद्ध', 'सू' का अर्थ 'गुरु' है।

ग्रैंड हिस्टोरियन के एक शताब्दी ईसा पूर्व रिकॉर्ड में पाया जाता है कि लाओ छठी या पांचवीं शताब्दी ईसा पूर्व के दौरान कन्फ्यूशियस का समकालीन था। उसका उपनाम ली था और उसका व्यक्तिगत नाम 'एर या डेन' था। जिसने झोउ के शाही दरबार के लिए अभिलेखागार के रक्षक के रूप में काम किया था।

चाइनीज दर्शनशास्त्र लाओत्से, Tao Te Ching (The way to truth) के लेखक और ताओइज्म दर्शन के संस्थापक थे। उनकी विचारधारा पर आधारित धर्म को 'ताओ धर्म' कहते हैं।

इतिहासकारों में इनकी जीवनी को लेकर विवाद है। कुछ कहते हैं बे काल्पनिक व्यक्ति हैं, कुछ कहते हैं कि इन्हे बहुत से महान व्यक्तियों को मिलाकर एक व्यक्तित्व के रूप में दर्शाया गया है। खैर जो भी है लेकिन उनके जन्म और जीवन से भी ज्यादा महत्वपूर्ण है उनका कर्म अर्थात दर्शन। और यही वो चीज है जो हमारे जन्म को मृत्यु के बाद भी सार्थकता देती है।

हमारी धारणा

"Care about what other people think and you will always be there prisoner" - Tao Te Ching

यदि आप किसी के विचारों को बिना विश्लेषण, तर्क और परख के स्वीकार कर लेते हैं तो आप इनके गुलाम हैं। उदाहरण के लिए अगर हम समाज के विचारों को हूब हु स्वीकार कर लेते हैं तो

गुलाम हैं। आप यह सोचते हैं कि लोग हमारे बारे में क्या सोचेंगे? तो आप उन लोगों के गुलाम हैं। यदि आपको गुलामी स्वीकार है तो मुबारक हो। लेकिन यदि आप आजाद होना चाहते हैं तो *जिम्मेदारी लीजिए।* क्योंकि यदि आप अपने हितों और आजादी की रक्षा नहीं कर सकते, ये भी हिंसा है। और आप अंदर के हिंसा में जी कर बाहर शांत हो ही नहीं सकते। समाज आपको बांधना चाहता है क्योंकि उसे आप की उड़ान से डर लगता है। उसे डर होता है कि वह पीछे छूट जायेगा। आप समाज के डर को पोषित करते हैं (जिसमें उसे संतुष्टि मिलती है) या अपनी ऊंची उड़ान को। चयन आपका है।

"Is the source of great strength."

Silence अर्थात शांति। कौन सी शांति? आंतरिक एवं बाहरी शांति। यह क्यों आवश्यक है? क्योंकि बिना आंतरिक शांति के *सही समझ (वास्तविकता)* का बोध ही नहीं होता है। बिना *सही समझ* के आप बाहरी रूप में शांत हो ही नहीं सकते। और यही अशांति करती है- उपद्रव। और उपद्रव में आप शक्तिशाली नहीं बन सकते। और यही कमजोरी बनती है 'असफलता' का आधार। बड़ी से बड़ी और छोटी से छोटी चीज समझी जा सकती है। उदाहरण के लिए अध्ययन करता हुआ बच्चा अगर अंदर से शांत रहना सीख जाए तो जल्दी सीखता है।

"The best fighter is never angry."

फाइटर, योद्धा या तो जीतता है या सीखता है। हारता नहीं है। जब दोनों ही स्थितियों में वह सकारात्मक परिणाम पा रहा है तो गुस्सा क्यों होना। गुस्सा (क्रोध) शोर है जो गलत समझ से आता है। जहां 'मैं' (Ego) होता है वहां गुस्सा भी होता है। इसीलिए गुस्सा आए तब हमको शांतिपूर्वक विश्लेषण और तर्क करना चाहिए। स्वयं से ही। 'मैं हूं' ही वजह है पूरे शोर की। क्योंकि इस 'मैं' (Ego) को हटाकर ही हम वास्तविकता, प्रकृति के नियम, सत्य को स्पष्ट रूप से देख सकते हैं। स्पष्ट रूप से सच को समझ कर ही आप तट छोड़ कर उनमुक्त प्रवाहित हो सकते हैं।

उदाहरण के लिए:

श्रीमद भगवत गीता मे केवल एक ही श्लोक (पहला)
धृतराष्ट्र ने कहा है -

धर्मक्षेत्र कुरुक्षेत्र समवेता युयुत्सवः।

मामकाः पाण्डवाश्चैव किम कुर्वत संजयः।।

महाभारत की युद्ध भूमि में कौरव और पांडवों की सेनाएं आमने-सामने खड़ी हैं। तब धृतराष्ट्र संजय से पूछते हैं, "धर्म भूमि कुरुक्षेत्र में युद्ध की इच्छा से इकट्ठे हुए *मेरे* और *पांडु* के पुत्रों ने क्या किया है।" बही अर्जुन, वासुदेव कृष्ण से पूछता है:

दृष्ट्वेम स्वजनम कृष्ण युयुत्सुम समुपस्थितम।

सीदन्ति मम गात्राणि मुखं च परिशुष्यति।।

हे कृष्ण! युद्ध करने की इच्छा से एक दूसरे का वध करने के लिए यहां *अपने वंशजों* को देखकर *मेरे* शरीर के अंग कांप रहे हैं और *मेरा* मुंह सूख रहा।

'महाभारत' का योद्धा कौरव और पांडवों के बीच हो या हमारे आस-पास, के युद्ध सब *'मैं'* और *'मेरा'* से ही प्रारंभ होते हैं। इस किताब के माध्यम से हमारी (श्वेता और आशीष) का उद्देश्य है कि आपको आपकी आजादी के करीष पहुंचने में थोड़ा साथ दिया जाए। यह किताब आपकी धारणाओं को पूर्वाग्रहों को चुनौती भी देगी। तब शायद आपको बुरा लगे लेकिन हम आपके शुभचिंतक हैं आपका सम्पूर्ण विकास चाहते हैं तो आपकी Ego को पोषित करने में असमर्थ है।

Quick Resets

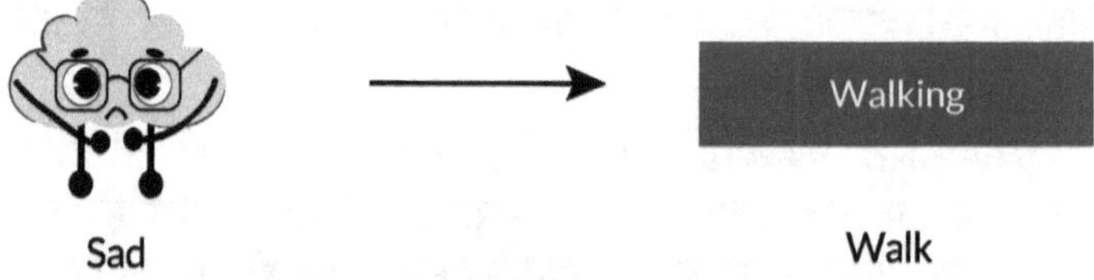

5

साधारण ही असाधारण है

काम असाधारण, सिर पर बड़े-बड़े बाल, बदन पर घिसी हुई चमड़े की जैकेट (जो उनके एक मित्र ने बरसों पहले दी थी।), बिना सस्पैंडर की पतलून, पावों में बिना मोजों के जूते, (खोलते समय उन्हें ढीला ना करना पड़े न पहनते समय उन्हें कसना पड़े।) जिनके चाचा जी द्वारा बचपन में दिए गए वैज्ञानिक उपहार। उपहार में प्राप्त कुतुबनुमा ने उनकी विज्ञान के प्रति रुचि को जगा दिया था। उनकी माता हंसी में कहा करती थी- 'मेरा बेटा बड़ा होकर प्रोफेसर बनेगा।' उनकी हंसी में कही हुई बात सचमुच सच हो कर रही। वे थे शताब्दी पुरुष, सदी के महानतम वैज्ञानिक, अल्बर्ट आइंस्टाइन।

अल्बर्ट आइंस्टाइन का जन्म 14 मार्च 1879 को जर्मनी में वुटेनबर्ग के एक यहूदी परिवार में हुआ था। उनके पिता एक इंजीनियर सेल्समैन थे उनकी मां पॉलिन आइंस्टीन थी। आइंस्टीन को शुरू शुरू में बोलने में कठिनाई होती थी। उनकी मातृभाषा जर्मन थी और बाद में उन्होंने इतालवी और अंग्रेजी भी सीखी। साथ ही हिंदी भी सीखी।

उनका परिवार यहूदी धार्मिक परंपराओं को नहीं मानता था, और इसी वजह से आइंस्टीन कैथोलिक विद्यालय में पढ़ने जा सके। अपनी मां के कहने पर उन्होंने सारंगी बजाना सीखा। उन्हें ये पसंद नहीं था। और बाद में इसे छोड़ भी दिया, लेकिन बाद में उन्हें मोजार्ट के सारंगी संगीत में बहुत आनंद आता था।

1895 में, 16 साल की उम्र में, आइंस्टीन ने ज्यूरिख में स्विस फेडरल पॉलिटेक्निक स्कूल के लिए प्रवेश परीक्षा दी। वे परीक्षा के सामान्य भाग में आवश्यक मानक तक पहुंचने में विफल रहा। लेकिन भौतिकी और गणित में असाधारण ग्रेड प्राप्त किया। पॉलिटेक्निक स्कूल के प्रिंसिपल की सलाह पर उन्होंने 1895 और

1896 में स्विट्जरलैंड के औरों में आरगोवियन कैंटोनल स्कूल (व्यायामशाला) में अपनी माध्यमिक स्कूल शिक्षा पूरी करने के लिए भाग लिया।

पॉलिटेक्निक में उनके भौतिकी के अध्यापक हेनरिक बेवर ने उनसे कहा था, "तुम बहुत चतुर लड़के हो पर तुम में एक कमी है। तुम किसी की बात नहीं सुनते हो।" आइंस्टीन को एक टीचर ने स्कूल छोड़ने तक की सलाह दे दी थी क्योंकि उनका मानना था कि आइंस्टीन की आदतों से स्कूल के दूसरे छात्र प्रभावित होते हैं और उनकी आदतें बिगड़ती हैं।

आइंस्टीन की भावी पत्नी, एक 20 वर्षीय सार्बिया, जिनका नाम मिलेवा मैरिक है, ने भी इस साल पॉलिटेक्निक स्कूल में दाखिला लिया। वह शिक्षण डिप्लोमा पाठ्यक्रम के गणित और भौतिकी खंड में 6 छात्रों में से एकमात्र महिला थी। अगले कुछ वर्षों, में आइंस्टीन और मेरिक की दोस्ती रोमांस में विकसित हुई। उन्होंने पाठ्येतर भौतिकी पर एक साथ किताबें पढ़ीं जिसमें आइंस्टीन बहुत रूचि ले रहे थे। 1900 में आइंस्टीन ने मैथ्स और फिजिक्स में परीक्षा उत्तीर्ण की और उन्हें संघीय शिक्षण डिप्लोमा से सम्मानित किया गया।

अनुस मिटाबिलिस पेपर चार लेखों से संबंधित है जिसे आइंस्टीन ने 1905 को ऑनलन डेट फिजिक नाम की एक वैज्ञानिक पत्रिका में प्रकाशित किया था, जिनमें प्रकाश विद्युत प्रभाव (जिसने क्वांटम सिद्धांत को जन्म दिया), ब्राउनियन गति, विशेष सापेक्षतावाद और $E=mc^2$ शामिल थे। इन चार लेखों ने आधुनिक भौतिकी की नींव के लिए काफी योगदान दिया और अंतरिक्ष, समय और द्रव्य पर लोगों की सोच को बदला है।

आइंस्टीन एक भावुक, प्रतिबद्ध जातिवाद विरोधी, मानवतावादी थे। और *प्रिंसटन में नेशनल एसोसिएशन ऑफ द एडवांसमेंट ऑफ कलर्ड पीपल*(NAACP) संस्था के सदस्य भी थे, जहां उन्होंने अफ्रीकी अमेरिकियों के नागरिक अधिकारों के लिए अभियान में हिस्सा भी लिया। वे जातिवाद को अमेरिका की *"सबसे ख़राब बीमारी"* मानते थे। अपनी भागीदारी के समय, वे नागरिक अधिकार कार्यकर्ता डब्ल्यू० ई० वी० डु० वॉइस के साथ जुड़ गए और 1951

में उनके एक मुकदमे के दौरान उनकी ओर से गवाही देने के लिए तैयार हो गए। जब आइंस्टीन ने डु॰ वॉइस के चरित्र के लिए गवाह होने की पेशकश की तो न्यायाधीश ने मुकदमे को खारिज करने का फैसला किया।

जब जर्मनी में हिंसा और उत्पीड़न का तांडव खड़ा किया गया, तो इस आइंस्टीन ने इस कुकृत्य की घोर निंदा की। उन्हें इसी कारण जर्मनी छोड़ देना पड़ा। द्वितीय विश्व युद्ध से पूर्व एक अखबार ने अपने एक कॉलम में एक संक्षिप्त विवरण प्रकाशित किया कि आइंस्टीन को अमेरिका में इतनी अच्छी तरह से जाना जाता था कि लोग उन्हें सड़क पर रोककर उनके दिए सिद्धांत की व्याख्या पूछने लगते थे।

आइंस्टीन महात्मा गांधी से बहुत प्रभावित थे, जिनके साथ उन्होंने लिखित पत्रों का आदान-प्रदान किया। उन्होंने गांधी को *"आने वाली पीढ़ियों के लिए एक रोल मॉडल"* के रूप में वर्णित किया। वे अपने को गांधी जी से बहुत छोटा मानते थे।

आइंस्टीन ने ठठेरे (प्लंबर) के पेशे में अपनी रुचि व्यक्त की थी और उन्हें प्लंबर और स्टीम फिटर्स यूनियन का एक मानक सदस्य बनाया गया था।

आइंस्टीन ने अपने अनुभव से शिक्षा पद्धति के बारे में जो कुछ कहा था, वह बेहद महत्वपूर्ण है और उस पर सभी शिक्षकों, शिक्षाविदों, माता और पिता को ध्यान देना चाहिए। वह कहते थे- "मैं इरा अवधारणा का विरोध करना चाहता हूं कि स्कूलों को उस विशेष ज्ञान और कौशल की सीधी शिक्षा देनी चाहिए जिसका उपयोग व्यक्ति बाद में करता है। इसके अलावा मुझे यह बात बेहद आपत्तिजनक लगती है कि व्यक्ति के साथ निर्जीत उपकरणों जैसा व्यवहार किया जाए। स्कूलों का लक्ष्य यही होना चाहिए कि युवक वहां से विशेषज्ञ बनकर नहीं बल्कि सुव्यवस्थित व्यक्तित्व का स्वामी बनकर निकले।"

आइंस्टीन ने स्पष्ट किया, हालांकि, "मैं नास्तिक नहीं हूं", खुद को अज्ञेयवादी कहना पसंद करते हैं, या "गहन धार्मिक अविश्वासी"। आई बिलीव इन द गॉड ऑफ स्पिनोजा। यह पूछे जाने पर कि क्या वह पुनर्जन्म के बाद जीवन में विश्वास करते हैं, आइंस्टीन ने उत्तर दिया, "नहीं, एक जीवन मेरे लिए पर्याप्त है।"

18 अप्रैल 1955 को भौतिक विज्ञान का विशेष स्तंभ संसार को अलविदा कह गया। एक पैथोलॉजिस्ट ने आइंस्टीन के शव परीक्षण के दौरान उनका दिमाग चुरा लिया था। उसके बाद वह 20 सालों तक एक जार में बंद रहा। आइंस्टीन अपनी खराब याददाश्त के लिए बदनाम थे। वे अक्सर तारीखें, नाम और फोन नंबर भूल जाते थे। लेकिन उनका मस्तिष्क सदी में सबसे ज्यादा प्रयोग किया गया मस्तिष्क रहा।

1999 में टाइम पत्रिका ने उन्हें शताब्दी पुरुष घोषित किया।

हमारी धारणा

अल्बर्ट आइंस्टीन की जीवन यात्रा को देखकर बखूबी समझा जा सकता है कि *असाधारण होना प्रवीणता की कुंजी है।* बचपन से दिया गया परिवेश भविष्य निर्धारण में महत्वपूर्ण भूमिका अदा करता है। धार्मिक और सामाजिक बंधन जो आप के विकास और व्यक्तित्व निखार में बाधा बने उन्हें नकार देने में कोई बुराई नहीं है। वैसे भी जिन चीजों का चयन आपने नहीं किया (प्राकृतिक रूप से आपको मिली हैं: धर्म, जाति और जन्मस्थान आदि) उन पर घमण्ड/गर्व करना दिखावा है, मूर्खता है।

कुछ फर्क नहीं पड़ता कि आज आप कहां हैं। सबकुछ इसी पर निर्भर करता है कि आपको जाना कहां है। और जीवन का पूरा सार आपकी कल्पनाशीलता और सीखने की इच्छाशक्ति पर निर्भर करता है। आइंस्टीन ने वही किया जो वे सबसे अच्छा कर सकते थे। हमें भी अपनी पसंद के कार्यों और रिश्तो को पहचान कर उन पर कार्य करना चाहिए। जब हम कुछ अलग करते हैं तो औसत मानसिकता के लोग रुकावट पैदा करेंगे, तब आपको याद रखना होगा कि *आप नेतृत्व करने के लिए पैदा हुए हैं।*

आइंस्टीन का जीवन अपने वैज्ञानिक दृष्टिकोण के साथ मानवतावादी, स्पष्टवादी और अपने विचारों में दृढ़ता का परिचायक है। और यह सब भावनात्मक स्थिरता और प्रेम के बिना संभव नहीं है। यदि हम जीवन को एक खेल के रूप में देखें जिसमें 5 गेंदों को उछाला जा रहा है। बे पांच गेंदे: कार्य, परिवार, सेहत, रिश्ते, और आत्मा आपने हवा में उछाली हुई हैं। आप जल्द ही समझेंगे कि

कार्य एक रबर की बॉल है। अगर आप उसे छोड़ भी देते हैं तो वो वापस आती है। लेकिन अन्य चार गेंदें: परिवार, सेहत, रिश्ते और आत्मा कांच की गेंदे हैं। यदि आप इन्हें छोड़ते हैं तो वे बिना वापस आए टूटकर बिखर जाती हैं। वे फिर समान नहीं रहती। इसलिए आपको ये समझकर उनके लिए कठोर परिश्रम करना होगा।

बुद्धिमत्ता का प्रतीक ज्ञान नहीं है बल्कि कल्पनाशीलता है । सिर्फ तथ्यों के संग्रह से कुछ नया नहीं किया जा सकता। जीवन की बेहतरी और पूर्ण रूप से जीने के लिए सृजनात्मक सोच आवश्यक है। आप आज जो किताब पढ़ रहे हैं यह हमारी (आशीष एवं श्वेता) की कल्पना का परिणाम ही है। जो आपको तट छोड़कर बहने के लिए हर पल प्रेरित करेगी। ताकि आप साधारण व्यक्ति से असाधारण व्यक्तित्व बन सके। और आप यह आसानी से कर सकते है।

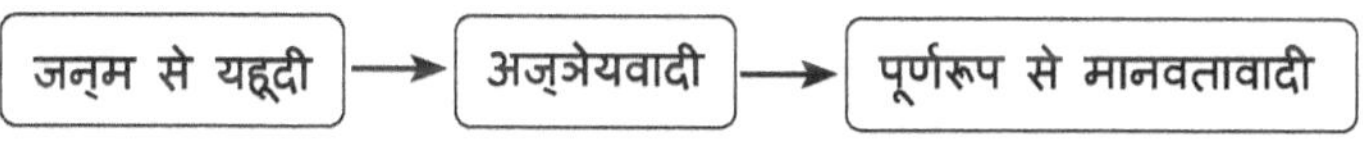

कथन

1. जिस व्यक्ति ने कभी गलती नहीं की उसने कभी कुछ नया करने की कोशिश नहीं की।

2. एक सफल व्यक्ति बनने का प्रयास मत करो। बल्कि मूल्यों पर चलने वाला इंसान बनो।

3. जब आप अपनी प्रेमिका के साथ बैठे हो तो एक घंटा एक सेकंड के समान लगता है। जब आप धधकते अंगारे पर बैठे हो तो एक सेकंड एक घंटे के समान लगता है। यही सापेक्षता है।

4. समुद्री जहाज किनारों पर सबसे ज्यादा सुरक्षित है पर वह किनारों पर रहने के लिए नहीं बना है।

5. हर कोई प्रतिभाशाली है लेकिन अगर आप एक मछली को उसकी पेड़ पर चढ़ने की क्षमता पर आंकेंगे तो वह पूरी जिंदगी यह विश्वास करते हुए बिता देगी कि वह बेवकूफ है।

6

स्वनिर्मित नवाचारी उद्यमी

आज मैं दुनिया के अच्छे विश्वविद्यालय में से एक, स्टैनफोर्ड यूनिवर्सिटी के दीक्षांत समारोह में शामिल होने पर खुद को गौरान्वित महसूस कर रहा हूं। मैं आपको एक सच बता दूं कि मैं कभी किसी कॉलेज से पास नहीं हुआ, और आज पहली बार किसी कॉलेज के ग्रेजुएशन सेरेमनी के इतने करीब पहुंचा हूं। आज मैं आपको अपने जीवन की तीन कहानियां सुनाना चाहूंगा, ज्यादा कुछ नहीं बस तीन कहानियां:

मेरी पहली कहानी Dots Connect करने के बारे में है। Reed Collage में दाखिला लेने के 6 महीने के अंदर ही मैंने पढ़ाई छोड़ दी। पर मैं अगले 18 महीने तक वहां किसी तरह आता जाता रहा। तो सवाल उठता है कि मैंने कॉलेज क्यों छोड़ा?

वास्तव में इसकी शुरुआत मेरे जन्म से पहले की है। मेरी जैविक मां एक अविवाहित नवयुवती स्नातक छात्रा थीं और वो मुझे किसी और को गोद देना चाहती थी। पर उनकी ख्वाहिश थी कि कोई कॉलेज ग्रेजुएट है मुझे गोद ले। सब कुछ एकदम तय था। मैं एक वकील और उनकी पत्नी के द्वारा गोद लिया जाने वाला था। कि अचानक मुझे देखकर उस कपल ने अपना विचार बदल दिया कि उन्हें अब लड़का नहीं, लड़की गोद लेनी है। इसलिए तब आधी रात को मेरे माता पिता। (वेटिंग लिस्ट में थे) को कॉल करके बोला गया कि हमारे पास एक बेबी बॉय है क्या आप उसे गोद लेना चाहते है? उन्होंने झट से हां कर दी। उसके बाद मेरी जैविक मां को पता चला कि मेरी मां ग्रेजुएट नहीं है और पिता तो हाईस्कूल

पास भी नहीं है। तब उन्होंने पेपर पर साइन करने से मना कर दिया। लेकिन कुछ समय बाद मेरे होने वाले माता-पिता के मुझे कॉलेज भेजने के वादे के बाद वो मान गईं। ये रही मेरी जीवन की शुरुआत।

17 साल बाद मैं कॉलेज गया पर गलती से मैंने स्टैनफोर्ड जितना महंगा कॉलेज ही चुन लिया। मेरे वर्किंग क्लास माता-पिता की सारी पूंजी मेरी पढ़ाई में जाने लगी। 6 महीने बाद मुझे इस पढ़ाई में कोई मूल्य नजर नहीं आया। मुझे कुछ आईडिया नहीं था कि मैं अपनी जिंदगी में क्या चाहता हूं और कॉलेज मुझे किस तरह से इसमें मदद करेगा। और ऊपर से मैं अपने माता-पिता के जीवन भर की कमाई खर्च करता जा रहा था। इसलिए मैंने कॉलेज छोड़ने का निर्णय लिया। और सोचा जो होगा अच्छा होगा। उस समय तो यह सब मेरे लिए काफी डरावना था। जब मैं पीछे मुड़कर देखता हूं तब लगता है कि यह मेरी जिंदगी के सही निर्णयों में से एक था। जैसे ही मैंने कॉलेज छोड़ा मेरे ऊपर से जरूरी क्लासेस करने की बाध्यता खत्म हो गई। और चुपचाप मैं अपने इंटरेस्ट की क्लासेस करने लगा।

ये सब कुछ इतना आसान नहीं था। मेरे पास रहने के लिए एक कमरा तक नहीं था। इसलिए मुझे दोस्तों के कमरे में फर्श पर सोना पड़ता था। मैं कोक की बोतल बेचकर मिलने वाले धन से खाना खाता था। मैं प्रत्येक रविवार 7 मील पैदल चलकर हरे कृष्णा मंदिर जाता था ताकि सप्ताह में 1 दिन पेट भर के खाना खा सकूं। यह मुझे काफी अच्छा लगता था। *मैंने अपने जीवन में जो भी अपने उत्साह और अंतर्मन से किया उसका परिणाम मेरे लिए अनमोल रहा।* मैं आपको एक और उदाहरण देता हूं:

उस समय Reed College दुनिया का सबसे अच्छी कैलीग्राफी सिखाई जाने की जगह थी। पूरे कैंपस में सभी पोस्टर, हर एक लेवल खूबसूरती से हाथों से कैलीग्राफ किया होता था। क्योंकि मैं कॉलेज से ड्रॉपआउट कर चुका था इसलिए मुझे नॉर्मल क्लासेस करने की कोई जरूरत

नहीं थी। मैंने तय किया कि मैं कैलीग्राफी की क्लासेस करूंगा। और इसे अच्छी तरह से सीखूंगा। मैंने सेरिफ और सेनसेरिफ टाइप फेसेस के बारे में सीखा। विभिन्न वर्णों और अक्षरों के बीच होने वाले स्पेस के बारे में सीखा। और किसी अच्छे टाइपोग्राफी को क्या चीज अच्छा बनाती है यह भी सीखा। यह खूबसूरत था। इतना आर्टिस्टिक था कि विज्ञान द्वारा इसे समझा नहीं जा सकता। और मुझे यह बेहद अच्छा लगता था।

इस कला को सीखते वक्त मुझे जरा सी भी उम्मीद नहीं थी कि इसका यूज़ कभी मैं अपने जीवन में करूंगा। लेकिन जब 10 साल बाद हम अपना पहला Macintosh Computer डिजाइन कर रहे थे, तब मैंने इसे MAC में डिजाइन कर दिया। और MAC दुनिया की खूबसूरत टाइपोग्राफी युक्त दुनिया का पहला कंप्यूटर बन गया। अगर मैंने कॉलेज से ड्रॉप आउट नहीं किया होता तो MAC में कभी मल्टीपल टाइपकेसेस और समान स्पेस फ़ॉन्ट्स नहीं होते। और चूंकि Windows ने MAC की कॉपी की थी तो शायद किसी भी पर्सनल कंप्यूटर में यह चीजें नहीं होती। बिना कॉलेज छोड़े मैं कभी कैलीग्राफी की क्लासेस नहीं कर पाता। बिल्कुल, जब मैं कॉलेज में था तब भविष्य में देखकर इन डॉट्स को कनेक्ट करना असंभव था। लेकिन 10 साल बाद जब मैं पीछे मुड़कर देखता हूं तब सब कुछ एकदम साफ - साफ नजर आता है।

आप कभी भी भविष्य में झांक कर डॉट्स कनेक्ट नहीं कर सकते, आप सिर्फ पीछे देख कर ही डॉट्स कनेक्ट कर सकते हैं। इसलिए आपको यकीन करना होगा कि जो हो रहा है वो आगे चलकर किसी ना किसी तरह आपके भविष्य से जुड़ जाएगा। आपको किसी न किसी चीज में विश्वास करना ही होगा। अपनी हिम्मत, भाग्य, जीवन या कर्म में। भविष्य में डॉट्स कनेक्ट होने पर विश्वास करना आपको अपने दिल की आवाज सुनने की हिम्मत देगा। तब भी जब आप बिल्कुल अलग रास्ते पर चल रहे होंगे। और यही बदलाव लाएगा।

मेरी दूसरी कहानी प्रेम और खोने के बारे में है: मैं जिस चीज को चाहता था वो मुझे जल्दी ही मिल गई। Woz (Steve Wozoniac) और मैंने अपने माता-पिता के गैराज में Apple शुरू की। तब मैं 20 साल का था। हमने बहुत मेहनत की और 10 साल में Apple दो लोगों से बढ़कर $2 बिलियन और 4000 एंप्लॉय की कंपनी हो गई। हमने अभी 1 साल पहले ही अपनी Finest क्रिएशन मैकिनटोश रिलीज की, मैं 30 का हो गया था और मुझे कंपनी से निकाल दिया गया। आप अपनी ही बनाई गई कंपनी से निकाले कैसे जा सकते हैं? जब कंपनी उन्नति करने लगी तब हमने एक टैलेंटेड आदमी को नौकरी दी, मैंने सोचा वो मेरे साथ कंपनी के लिए काम करेगा। पहला एक साल ठीक-ठाक बीता लेकिन फिर कंपनी के भविष्य को लेकर हम दोनों में मतभेद होने लगे, यह बात बोर्ड ऑफ डायरेक्टर्स तक पहुंच गई और उन लोगों ने उसका साथ दिया। और 30 वर्ष की आयु में मुझे कंपनी से निकाल दिया गया। सार्वजनिक रूप से निकाल दिया गया। जो मेरे पूरे जीवन का केंद्र था वो पूरी तरह खत्म हो चुका था। और यह बिल्कुल ही तबाह करने वाला था।

अगले कुछ महीनों तक मुझे समझ ही नहीं आया कि मैं क्या करूं? मुझे महसूस हुआ कि यह सब कुछ इतनी आसानी से स्वीकार करके मैंने अपने पहले के उद्यमियों को नीचा दिखाया है। मैं डेविड पैकर्ड और बॉब नॉयस से मिला और उनसे ऐसा हो जाने की माफी मांगी। मैं एक बहुत बड़ा पब्लिक फैलियर था। मैंने वैली छोड़कर जाने की भी सोची। पर धीरे-धीरे मुझे एहसास हुआ कि मैं जो काम करता हूं उसके लिए मैं अभी भी उत्साहित हूं। एप्पल में जो कुछ हुआ उसकी वजह से मेरे उत्साह में जरा सी भी कमी नहीं आई है। मुझे रिजेक्ट कर दिया है पर मैं अभी भी अपने काम से प्यार करता हूं। इसलिए मैंने एक बार फिर से शुरुआत करने की सोची। मैंने तब नहीं सोचा पर अब मुझे लगता है कि एप्पल से निकाले जाने से अच्छी चीज मेरे साथ हो ही नहीं सकती थी। सफल होने का बोझ अब बिगिनार बनने के हल्केपन में बदल चुका था। मैं एक बार फिर खुद को बहुत फ्री महसूस कर रहा था। इस

स्वतंत्रता की वजह से मैं अपने जीवन के सबसे अधिक क्रिएटिव स्तर पर आ पाया।

अगले 5 सालों में मैंने एक कंपनी Next और एक दूसरी कंपनी Pixer शुरू की। और इसी दौरान मेरी मुलाकात एक बहुत अच्छी महिला से हुई जो आगे चलकर मेरी पत्नी बनी। Pixer ने दुनिया की पहली एनीमेटेड स्टोरी *टॉय स्टोरी* बनाई। और इस वक्त है यह दुनिया का सबसे सफल एनिमेशन स्टूडियो है। Apple ने एक अप्रत्याशित कदम उठाते हुए Next को खरीद लिया और मैं Apple में वापस चला गया। Apple भी Next द्वारा विकसित टेक्नोलॉजी प्रयोग करती है। अब Lauree और मेरा एक सुंदर सा परिवार है।

मैं यह पूरे विश्वास के साथ कह सकता हूं कि अगर मुझे Apple से नहीं निकाला गया होता तो मेरे साथ यह मुकाम मुझे नहीं मिलता। ये एक कड़वी दवा थी पर शायद मुझे इसकी जरूरत थी। कभी-कभी जिंदगी आपको इसी तरह ठोकर मारती हैं। अपना विश्वास मत खोइए। मैं यकीन के साथ कह सकता हूं कि मैं सिर्फ इसलिए आगे बढ़ता गया क्योंकि मैं अपने काम से प्यार करता था। आप वास्तव में क्या पसंद करते हैं यह आपको जानना होगा। जितना अपने प्यार को खोजना जरूरी है, उतना ही उस उस काम को ढूंढना जरूरी है जिसे आप सचमुच पसंद करते हैं। आपका काम आपकी जिंदगी का एक बड़ा हिस्सा होगा। वास्तव में संतुष्ट होने का एक ही तरीका है कि आप आप वो को जिसे आप सचमुच एक बड़ा काम समझते हैं। और बड़ा काम करने का एक एक ही तरीका है कि आप वो करें जो करना आप पसंद करते हैं। यदि आपको अभी तक वह काम नहीं मिला है तो आप रुकिए मत, उसे खोजते रहिए। जैसा कि दिल से जुड़ी हर चीज में होता है। वो जब आपको मिलेगा आपको पता चल जाएगा। और जैसा कि किसी अच्छे रिश्ते में होता है वो समय के साथ-साथ और अच्छा होता जाएगा। इसीलिए खोजते रहिए रुकिए मत।

मेरी तीसरी कहानी मृत्यु के बारे में है:

जब मैं 17 साल का था तब मैंने Quote पड़ा था, "यदि आप हर रोज ऐसे जिएं जैसे कि ये आपकी जिंदगी का आखरी दिन है तो आप एक दिन सही साबित होंगे।" इसने मेरे दिमाग पर एक छाप छोड़ी। और तब से पिछले 33 सालों से मैंने हर सुबह उठकर आईने में देखा है और खुद से एक सवाल किया है - *'यदि आज मेरा आखरी दिन है तो क्या आज मैं वो करता जो करने वाला हूं?'* जब कई दिनों तक कोई जवाब नहीं होता है तब मैं समझ जाता हूं कि कुछ बदलने की जरूरत है।

यह याद रखना है मैं बहुत जल्दी मर जाऊंगा मुझे अपनी जिंदगी के बड़े निर्णय लेने में सबसे ज्यादा मदद करता है। क्योंकि जब एक बार मृत्यु के बारे में सोचता हूं तो मेरा बाहरी दिखावा, घमंड, हार का डर और अपमान सब शून्य हो जाता है और सिर्फ वही बचता है जो वास्तव में जरूरी है। इस बात को याद रखना कि एक दिन मरना है किसी चीज के खोने के डर को दूर करने का सबसे अच्छा तरीका है। आप पहले से ही नग्न हैं, तो ऐसी कोई वजह ही नहीं कि आप अपने दिल की न सुनें।

करीब एक साल पहले मुझे पता चला कि मुझे कैंसर है। एक दिन सुबह 7:30 बजे मेरा स्कैन हुआ जिसमें साफ-साफ दिख रहा था कि मेरे अग्नाशय में ट्यूमर है। मुझे तो पता भी नहीं था अग्नाशय होते क्या है। डॉक्टर ने मुझे यकीन के साथ बताया कि मुझे एक ऐसा कैंसर है जिसका इलाज संभव नहीं है। और मैं बस तीन से छह महीने जीवित रहूंगा। डॉक्टर ने सलाह दी कि मैं घर जाऊं और अपनी सारी चीजें हैं व्यवस्थित कर लूँ। इसका मतलब यही था कि आप मरने की तैयारी कर लीजिए आप अपने बच्चों से जो बातें अगले 10 सालों में करते वे अगले कुछ महीनों में कर लीजिए ताकि आपके बाद आपके परिवार को कम से कम परेशानी हो। इसका यह मतलब होता है कि आप सबको गुड बाय कह दीजिए।

मैं पूरे दिन डायमनोसिस करवाता रहा फिर शाम को मेरी बायऑप्सी हुई जहां मेरे गले के रास्ते पेट से होते हुए अग्नाशय

में एक एंडोस्कोप डाला गया और एक सुई से ट्यूमर के कुछ कोशिकाएं निकाली गई। मैं तो बेहोश था पर मेरी पत्नी जो वहां थी उसने बताया कि जब डॉक्टर ने माइक्रोस्कोप से मेरी कोशिका देखी तो वह रो पड़ा। दरअसल सेल्स देखकर डॉक्टर समझ गया मुझे एक दुर्लभ प्रकार का कैंसर है। जो सर्जरी से ठीक हो सकता है, मेरी सर्जरी हुई, सौभाग्य से मैं अब ठीक हूं। मौत के इतना करीब मैं कभी नहीं पहुंचा और उम्मीद करता हूं कि अगले कुछ दशकों तक पहुंचूं भी नहीं। यह सब देखने के बाद मैं और भी विश्वास के साथ कह सकता हूं मृत्यु एक उपयोगी बौद्धिक अबधारणा है।

कोई मरना नहीं चाहता है। यहां तक कि जो लोग स्वर्ग जाना चाहते हैं वो भी नहीं। फिर भी मृत्यु ऐसा पड़ाव है जहां सभी को ठहरना है। आज तक इससे कोई बचा नहीं है। और ऐसा ही होना चाहिए क्योंकि मृत्यु ही जीवन का सबसे बड़ा आविष्कार है। ये जिंदगी को बदलती है पुराने को हटाकर नए का रास्ता खोलती है। और इस समय नए आप हैं पर ज्यादा नहीं, कुछ ही दिनों में आप भी पुराने हो जाएंगे। और रास्ते से साफ हो जाएंगे। इतना नाटकीय होने के लिए मैं माफी चाहता हूं पर यह सत्य है।

आपका समय सीमित है इसलिए मुझे किसी और की जिंदगी जीकर व्यर्थ मत कीजिए। बेकार की सोच में मत फंसिए। अपनी जिंदगी को दूसरों के हिसाब से मत चलाइए। औरों के विचार के शोर में अपने अंदर की आवाज को मत खोने दीजिए।

जब मैं छोटा था तब एक अद्भुत प्रकाशन The Whole Earth Catalogue हुआ करता था जो मेरी पीढ़ी की बाइबिल में से एक था। इसे स्टुअर्ट ब्रैंड नाम के एक व्यक्ति ने बनाया था। और उसने ऐसे पद्य समावेशन करके बहुत ही जीवंत बना दिया था। यह 1960 के दशक की बात है जब कंप्यूटर पब्लिकेशन नहीं होता था। पूरा कैटलॉग टाइपराइटर, रूपर्स और पोलोरोइड कैमरों की मदद से बनाया जाता था। वो कुछ कुछ ऐसा था। मानो गूगल को एक किताब में कर दिया गया हो। वह भी गूगल के आने के 35 साल पहले। यह एक अच्छे टूल की बेहतरीन कल्पना थी।

स्टुअर्ट और उनकी टीम ने द होल अर्थ कैटलॉग की कई प्रतियां निकाली। और एक अंतिम प्रति निकाली। ये 1970 के मध्य की बात है तब मैं आपकी उम्र का था। अंतिम प्रकाशन के अंतिम पृष्ठ पर प्रातः काल के किसी सड़क का एक दृश्य था जो कुछ ऐसी सड़क थी जिस पर आप अगर एडवेंचरस हो तो किसी से लिफ्ट मांगना चाहेंगे। और उस पिक्चर के नीचे लिखा था STAY HUNGRY STAY FOOLISH। यह उनका संदेश था, जब उन्होंने साइन ऑफ किया। और मैंने अपने लिए हमेशा यही विश किया है। और अब आप लोगों को शुभकामनाएं देते हुए मैं यही कहता हूं - STAY HUNGRY STAY FOOLISH

-(स्टैनफोर्ड यूनिवर्सिटी 12 जून 2005)

हमारी धारणा

उद्धृत स्पीच एप्पल इंक के सह संस्थापक, पिक्सर एनीमेशन स्टूडियोज के मुख्य कार्यकारी अधिकारी और वाल्ट डिजनी कंपनी के निदेशक मंडल के सदस्य रहे स्टीव जॉब्स की है।

जिनका जन्म 24 फरवरी 1955 को हुआ था। स्टीव जॉब्स के जीवन का संघर्ष उनके जन्म से पहले ही प्रारंभ हो गया था। (इस संदर्भ में वे कृष्ण के करीब दिखते हैं।) उनके जैविक पिता अब्दुल फत्तह जंदाली (सीरियाई मुस्लिम) और माता जोअन्नी सिंपसन (एक कैथोलिक ईसाई)। जोअन्नी के पिता को रिश्ता मंजूर ना होने के कारण जन्म से पहले ही स्टीव को गोद देने के लिए एक वकील जोड़े का चुनाव हुआ। जिसने अंतिम समय पर लड़की गोद लेने का फैसला किया। अंततः स्टीव को पाऊल रेनहोल्ड और कालरा जॉब्स ने गोद लिया। जो ना ही ग्रेजुएट थे और ना ही आर्थिक रूप से संपन्न। स्टीव आर्थिक परेशानी को दूर करने के लिए गर्मियों की छुट्टियों में काम किया करते थे।

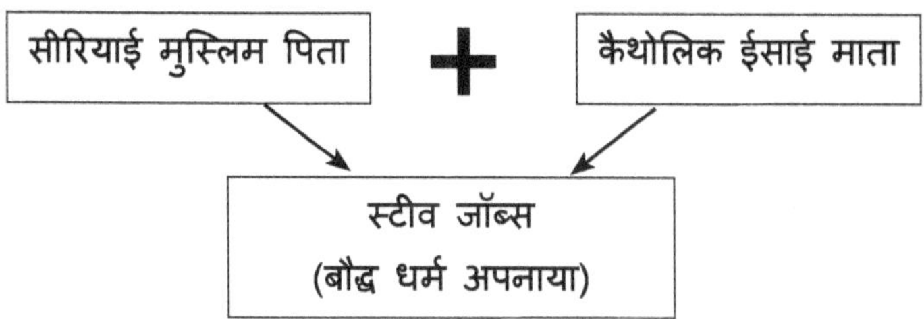

सन 1972 में उच्च विद्यालय में पढ़ाई के लिए ओरेगन के रीड कॉलेज में दाखिला लिया। आर्थिक तंगी में कॉलेज छोड़ना पड़ा। और तो और खाने के लिए मंदिर के भंडारे पर निर्भर थे। 1974 में वे आध्यात्मिक ज्ञान की खोज में अपने कॉलेज मित्रों के साथ *नीबकरोरी बाबा* से मिलने भारत आए। बाबाजी का देह त्याग सितंबर 1973 में ही हो जाने के कारण उन्होंने हैंडखन बाबा से मिलने का निर्णय किया। और बौद्ध धर्म अपनाया।

1 अप्रैल 1976 को स्टीव जॉब्स ने अपने बचपन के मित्र स्टीव वोजनियाक के साथ एप्पल कंप्यूटर का आविष्कार किया। *खुद की ही बनाए कंपनी से निकाले जाने के बाद* 1984 में नेक्स इंक, 1986 में पिक्सर स्टूडियोज की स्थापना की। प्रौद्योगिकी के क्षेत्र में नित नए आयाम छूटे हुए 5 अक्टूबर 2011 को अग्नाशय के कैंसर के चलते स्टीव की मृत्यु हो गई।

स्टीव जॉब्स की पूरी कहानी कहानी प्रगाण है- *जहां चाह है वहां राह है।* चाहे परिस्थितियां शारीरिक, मानसिक, आर्थिक, भावनात्मक रूप से विपरीत हो लेकिन कल्पना और विवेक से हम विपरीत परिस्थितियों में भी उबार कर अपने सपनों की जिंदगी जी सकते हैं।

महर्षि दधीचि का देवी सती से कहा एक कथन हमें याद आता है- *राह से भटकना ही राह को पाना है।* समुद्र में मिलने के लिए नदी को तक छोड़कर कई मोड़ लेने होते हैं। भटकाव/बिखराव को सृजन में बदलने के लिए कल्पनाशीलता का प्रवाह आवश्यक है। यही कल्पना की उड़ान एक नेता और अनुयाई के बीच लकीर खींचती हैं। इसके लिए लगातार सीखते रहना आवश्यक है। (चाहे कैलीग्राफी ही हो)

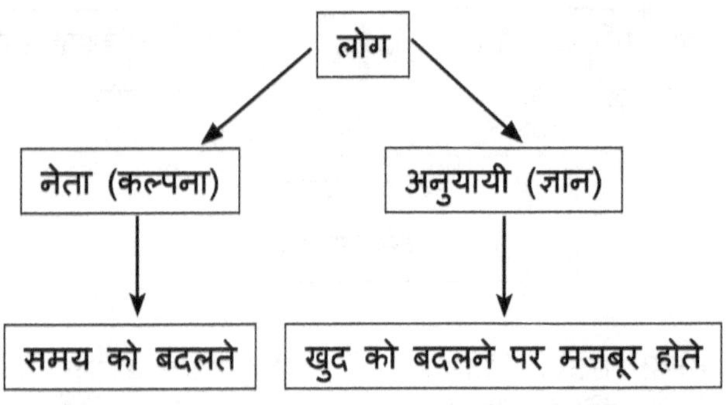

महज 56 वर्ष की आयु में शून्य से शिखर तक पहुंचने वाले स्टीव जॉब्स के एप्पल कंप्यूटर को 1982 में टाइम मैगजीन ने *मशीन ऑफ द ईयर* का खिताब दिया। 1984 में अमेरिकी राष्ट्रपति ने उन्हें *नेशनल मॉडल ऑफ़ टेक्नोलॉजी* प्रदान किया। नवंबर 2007 में फॉर्च्यून मैगजीन ने उन्हें सबसे शक्तिशाली पुरुष का खिताब दिया। उसी साल में उन्हें कलिफोर्निया हॉल ऑफ फ्रेम का पुरस्कार भी प्राप्त हुआ।

12 फरवरी 2012 को उन्हें मरणोपरांत *ग्रैमी न्यासी पुरस्कार* प्रदर्शन से संबंधित क्षेत्रों में संगीत उद्योग को प्रभावित करने के लिए मिला। जॉन कार्टर और ब्रेव नामक दो फिल्में जॉब्स को समर्पित की गई।

स्टीव जॉब्स की यात्रा बताती है हम भविष्य में देखकर बिंदुओं को नहीं मिला सकते, हम केवल पीछे मुड़कर ही उन्हें मिला सकते हैं। इसलिए आपको यह भरोसा रखना होगा कि भविष्य में किसी ना किसी तरह बिंदु मिलेंगे।

कथन

1. कब्रिस्तान में अमीर और समृद्ध इंसान बनना मेरे लिए मायने नहीं रखता। बल्कि रात में सोने के लिए पलंग पर जाते समय आज कुछ खूबसूरत किया कहना मेरे लिए मायने रखता है।

2. कभी-कभी जिंदगी आपको ईंट से सिर पर मारेगी लेकिन तब भी आपको अपना भरोसा नहीं खोना है।

3. नई खोज एक लीडर और एक अनुयाई के बीच अंतर करती हैं।

4. मैं लोगों को यह सलाह देता हूं - इंतजार मत करो तुम! जब जवान हो तो तुम वह सब कुछ करो जो तुम्हें पसंद है। तुम्हारे पास खोने के लिए कुछ नहीं है, यह बात तुम्हारे दिमाग में होनी चाहिए।

5. पागल लोग जो यह सोचते हैं कि वह इस दुनिया को बदल सकते हैं, वही होते हैं जो इस दुनिया को बदल देते हैं। स्मार्ट लोग बही लोगों को पागल लगते हैं।

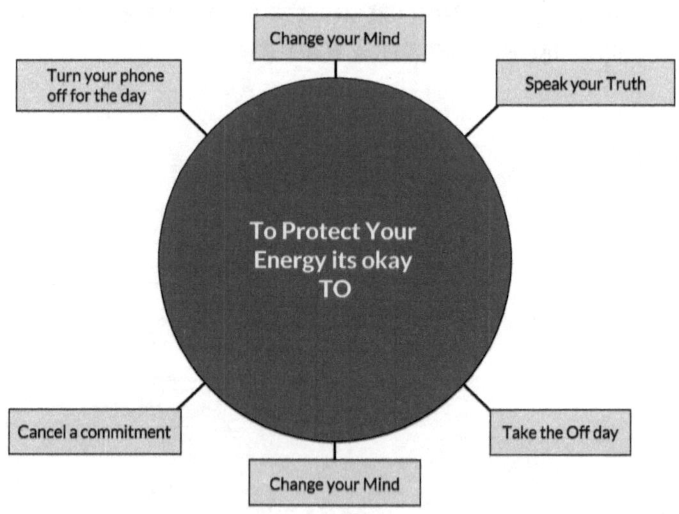

USE YOUR ENERGY Well !

7

आत्मबल की शक्ति

मोहनदास करमचंद गांधी का जन्म पश्चिमी भारत में वर्तमान गुजरात के एक तटीय नगर पोरबंदर नामक स्थान पर 2 अक्टूबर सन 1869 को हुआ था। उनके पिता करमचंद गांधी कट्टर हिंदूवादी थे और ब्रिटिश राज के समय काठियावाड़ की रियासत पोरबंदर के प्रधानमंत्री (दीवान) थे। उनकी माता पुतलीबाई वैश्य समुदाय की अत्यधिक धार्मिक महिला थी। पुतलीबाई करमचंद की चौथी पत्नी थी। उनकी पहली तीन पत्नियां प्रसव के समय मर गई थी। धार्मिक माता की देखरेख और उस क्षेत्र की जैन परंपराओं के कारण युवा मोहनदास पर प्रभाव प्रारंभ में ही पड़ गए थे जिसने आगे चल कर महात्मा गांधी के जीवन में महत्वपूर्ण भूमिका निभाई। इन प्रभावों में सम्मिलित थे दूर वालों में उत्साह की भावना, शाकाहारी जीवन, आत्म शुद्धि के लिए उपवास तथा विभिन्न जातियों के लोगों के बीच सहिष्णुता।

मई 1883 में साढे 13 वर्ष की आयु में उनका बाल विवाह 14 वर्ष के कस्तूर बाई मक्कन जी से हुआ था। पत्नी का पहला नाम छोटा करके कस्तूरबा कर दिया गया। और उसे लोग प्यार से बा कहते थे। 1884 में जब गांधी जी 15 वर्ष के थे तब इनके पहली संतान ने जन्म लिया। किंतु वह केवल कुछ ही दिन जीवित रही। इसी वर्ष उनके पिता करमचंद गांधी भी चल बसे। मोहनदास और कस्तूरबा के चार संतान हुई: हीरालाल गांधी (1888), मणिलाल गांधी (1892), रामदास गांधी (1897) और देतदारा गांधी (1900)।

पोरबंदर रो उन्होंने मिडिल और राजकोट के अल्फ्रेड हाई स्कूल से हाई स्कूल किया। मैट्रिक के बाद ही परीक्षा उन्होंने भावनगर के शामलदास कॉलेज से ग्रहण की। दोनों ही परीक्षाओं में वे औसत स्तर के छात्र रहे। 4 सितंबर 1888 को अपने 19वे जन्मदिन से

पहले उन्होने कानून की पढ़ाई करने के लिए यूनिवर्सिटी कॉलेज लंदन में दाखिला लिया।

इंग्लैंड और वेल्स बार एसोसिएशन में वापस बुलावे पर वे भारत लौटे किंतु बम्बई में वकालत करने में उन्हें कोई खास सफलता नहीं मिली। बाद में एक हाई स्कूल शिक्षक के रूप में अंशकालिक नौकरी का प्रार्थना पत्र अस्वीकार कर दिया जाने पर उन्होंने राजकोट में मुकदमे की अर्जियां लिखना अपना स्थाई मुकाम बना लिया। लेकिन एक अंग्रेज अधिकारी के कारण उन्हें यह कारोबार छोड़ना पड़ा। इसी वजह से उन्होंने 1893 में एक भारतीय फर्म से नटाल, दक्षिण अफ्रीका में, जो उन दिनों ब्रिटिश साम्राज्य का भाग होता था, एक वर्ष के करार पर वकालत का कारोबार स्वीकार कर लिया।

दक्षिण अफ्रीका में गांधी

दक्षिण अफ्रीका में इनको भारतीय होने के कारण भेदभाव का सामना करना पड़ा। 7 जून 1893 को महात्मा गांधी ने सविनय अवज्ञा का पहली बार इस्तेमाल किया था। दक्षिण अफ्रीका में वह एक ट्रेन के फर्स्ट क्लास कंपार्टमेंट में सफर कर रहे थे। उनके पास वैध टिकट भी था, लेकिन काला होने के कारण कंपार्टमेंट से निकाल दिया गया। वास्तव में अन्याय के खिलाफ खड़े होने की यही हिम्मत तो सविनय अवज्ञा थी। एक अदालत के न्यायाधीश ने उन्हें का अपनी पगड़ी उतारने का आदेश दिया जिसे उन्होंने नहीं माना।

उन्होंने 1899 में बोअर युद्ध के प्रकोप के दौरान अंग्रेजों के लिए भारतीय एंबुलेंस कोर का आयोजन किया। ताकि वे मानवता को समझ सके। उन्होंने डरबन के पास फेनिक्स फार्म की स्थापना की, जहां गांधी जी ने अपने कैडर को सत्याग्रह के लिए प्रशिक्षित किया।

महात्मा गांधी का पहला अहिंसात्मक सत्याग्रह अभियान सितंबर 1906 में स्थानीय भारतीयों के खिलाफ गठित ट्रांसवाल एशियाटिक अध्यादेश के विरोध में आयोजित किया गया था।

दक्षिण अफ्रीका में भारतीय लोगों से इंडियन ओपिनियन में अपने कालमो के माध्यम से इस युद्ध में शामिल होने के लिए

आग्रह किया और कहा, '*यदि सरकार केवल यही महसूस करती है कि आरक्षित बल बेकार हो रहे हैं तब इसका उपयोग करेंगे और असली लड़ाई के लिए भारतीयों को प्रशिक्षण देकर इसका अवसर देंगे।*'

भारत मे गांधी

महात्मा गांधी 9 जनवरी 1915 को मुंबई में अपोलो बंदरगाह पर उतरे। उनके राजनीतिक गुरु गोपाल कृष्ण गोखले की सलाह पर गांधी जी ने पूरे देश में घूम कर *आंखें खुली और मुंह बंद करके हालात का जायजा लिया।* और फरवरी 1916 में बनारस हिंदू विश्वविद्यालय के स्थापना दिवस पर अपना पहला वास्तविक भाषण दिया। 1915 से 1919 तक का जीवन गांधीजी का प्रयोग का जीवन है। जिसमें पहली प्रयोगशाला 1917 का चंपारण, बिहार आंदोलन। जब गांधीजी रेलवे स्टेशन पर उतरते हैं तब कमिश्नर से उन्हे वापस लौट जाने का आदेश प्राप्त होता है। *गांधी मानने से इंकार कर देते हैं।* ये अपने आप में बड़ी बगावत थी की सत्ता के नुमाइंदे की नाफरमानी करना जिसका कभी सूरज अस्त नहीं होता था।

1918 में खेड़ा सत्याग्रह जहां अंग्रेज जरूरी फसलों के बजाय नकद देने वाले नील जैसी फसलों को करने की जबरदस्ती करते थे। एक विनाशकारी अकाल के कारण शाही कोष की भरपाई के लिए अंग्रेजों ने दमनकारी कर लगा दिए। जिनका बोझ प्रतिदिन बढ़ता ही गया। यह स्थिति निराशाजनक थी। गांधीजी ने एक आश्रम बनाया और बहुत सारे समर्थकों और कार्यकर्ताओं को संगठित किया।

गांधीजी ने जमींदारों के खिलाफ विरोध प्रदर्शन और हड़तालो का नेतृत्व किया। इस संघर्ष के दौरान ही गांधीजी को जनता ने *बापू और महात्मा* नाम से संबोधित किया।

असहयोग आंदोलन (1 अगस्त 1920 से 12 फरवरी 1922 तक): जलियांवाला बाग हत्याकांड की दहशत के बाद लोगों को किसी आंदोलन के लिए घरों से बाहर निकालना, वो भी जब भारत राष्ट्र था ही नहीं (बिना राष्ट्रवाद के), 92 परसेंट लोग अनपढ़, जातिवाद,

क्षेत्रवाद की मजबूत जंजीरें, अखबारो का प्रकाशन ब्रिटिशर्स की रहम पर और वर्तमान समय जैसे इंटरनेट की कोई ताकत नहीं। ब्रिटिश पार्लियामेंट कमेटी रिपोर्ट भेजती है "डरी, अनपढ़ और गरीब भारतीय आंदोलन में निकल कर नहीं आएंगे।"

लेकिन हजारों लोगों की भीड़ सड़को पर *'ईश्वर अल्लाह तेरो नाम, सबको सन्मति दे भगवान'* गाते हुए निकल पडी। जिसका उद्देश्य अहिंसा और शांतिपूर्ण ढंग से अंग्रेजों का प्रतिकार। स्वदेशी नीति को शामिल करके खिलाफत का आंदोलन का समर्थन करके इसे विस्तार दिया गया। जिसमें अंग्रेजी वस्तुओं का, आदेशों का बहिष्कार शामिल था। समाज के सभी वर्गों की भागीदारी और जोश के कारण आंदोलन सफल हुआ। इससे डरे अंग्रेजों ने चौरी चौरा हत्याकांड (4 फरबरी 1922) का षड्यंत्र रचा। जिसके चलते गांधीजी ने 12 फरवरी 1922 को यह कहते हुए आंदोलन वापस ले लिया मुझे अहिंसा में विश्वास नहीं है। गांधीजी पर राजद्रोह का मुकदमा चलाया गया। जिसमें 6 साल की कैद थी सजासन कर जेल भेज दिया गया। 2 साल कैद में बिताने के बाद फरवरी 1924 में हाथों के ऑपरेशन के लिए रिहा कर दिया गया।

स्वराज और नमक सत्याग्रह (12 मार्च 1930 से 6 अप्रैल 1930): 31 दिसंबर 1929, भारत का झंडा फहराया गया था। 26 जनवरी 1930 का दिन लाहौर में भारतीय स्वतंत्रता दिवस के रूप में इंडियन नेशनल कांग्रेस ने मनाया। इसके बाद गांधी जी ने मार्च 1930 में नमक पर कर लगाए जाने के विरोध में नया सत्याग्रह चलाया। जिसमें 12 मार्च से 6 अप्रैल तक नमक आंदोलन मे 400 किलोमीटर तक का सफर (अहमदाबाद से दांडी तक) तय किया और नमक बनाकर कानून तोड़ा।

लॉर्ड एडवर्ड इरविन द्वारा प्रतिनिधित्व वाली सरकार ने गांधी जी के साथ विचार विमर्श करने का निर्णय लिया। गांधी जी जब इंग्लैंड पहुंचे तो पूरी इंग्लैंड की संसद उन्हें रिसीव करने आई। इरविन गांधी की संधि पर मार्च 1931 में हस्ताक्षर हुए थे। सविनय अवज्ञा आंदोलन को बंद करने के लिए बेटे सरकार ने सभी राजनीतिक कैदियों को रिहा करने के लिए अपनी रजामंदी दे दी।

दलित आंदोलन और पूना पैक्ट: महात्मा गांधी जाति व्यवस्था और वर्ण व्यवस्था को न्यूटन के गुरुत्वाकर्षण के नियम के जैसा

नैसर्गिक मानते हैं। लेकिन अस्पृश्यता के विरोधी थे। उन्होंने अछूतों को हरिजन कहकर संबोधित किया। उनके लिए मंदिर और विद्यालय खोलने की वकालत की लेकिन फिर भी इस मुद्दे पर वे बहुत कमजोर चिंतक और कम तार्किक दिखते हैं। वे वर्ण के आधार पर रोजगार का समर्थक है।

इसी मुद्दे को लेकर 1932 में दलित नेता और प्रकांड विद्वान डॉक्टर भीमराव अंबेडकर से उनके मतभेद होते हैं। अंबेडकर की मांग पर सरकार ने अछूतों को एक नए संविधान के अंतर्गत अलग निर्वाचन मंजूर कर दिया। इसके विरोध में गांधी जी ने 1932 में 6 दिन का अनशन ले लिया। अंततः सितंबर 1932 में पूना पैक्ट के बाद अंग्रेज सरकार ने इस समझौते को सांप्रदायिक पंचाट में संशोधन के रूप में अनुमति प्रदान की।

भारत छोड़ो आंदोलन (9 अगस्त 1942 से 1944): द्वितीय विश्व युद्ध के आरंभ में गांधीजी ने अंग्रेजो के प्रयासों को अहिंसात्मक नैतिक सहयोग देने का पक्ष लिया किंतु बाद में उन्होंने सभी कांग्रेसियों और भारतीयों को अहिंसा के साथ करो या मरो के द्वारा अंतिम स्वतंत्रता के लिए अनुशासन बनाए रखने को कहा।

स्वतंत्रता और भारत का विभाजन- गांधी जी ने 1946 में कांग्रेस को ब्रिटिश कैबिनेट के प्रस्ताव को ठुकराने का परामर्श दिया क्योंकि उसे मुस्लिम बहुलता वाले प्रांतों के लिए प्रस्तावित समूहीकरण के प्रति उनका गहन संदेह होना था इसलिए गांधीजी ने प्रकरण को एक विभाजन के पूर्वाभ्यास के रूप में देखा। गांधीजी किसी भी ऐसी योजना के खिलाफ थे जो भारत को दो अलग-अलग देशों गें विभाजित कर दे।

गांधीजी के करीबी सहयोगी उन्हें बंटवारे को एक सर्वोत्तम उपाय के रूप में स्वीकार किया और सरदार पटेल ने गांधीजी को यह समझाने का प्रयास किया कि नागरिक अशांति वाले युद्ध को रोकने का यही एक उपाय है। मजबूर गांधी ने अपनी अनुमति दे दी।

30 जनवरी 1948 में गांधी की एक कट्टरवादी सिरफिरे ने बेरेटा पिस्तौल से तीन गोलियां दाग कर हत्या कर दी, जब वे नई दिल्ली के बिड़ला भवन के मैदान में चहलकदमी कर रहे थे। यूं

तो गांधी जी की हत्या से पहले भी उन को मारने के कई प्रयास किए गए। पहला हमला जनवरी 1897 में दक्षिण अफ्रीका में, दूसरा हमला 1908 जोहांसबर्ग के मैसोनिकहाल में, 16 जुलाई 1934 को पूणा में तथा 22 जुलाई 1944 को भी पूणा में हत्या करने का प्रयास किया गया। शायद इसीलिए गांधी जी ने कहा होगा, "आप मुझे जंजीरों से जकड़ सकते हैं, यातना दे सकते हैं, इस शरीर को नष्ट कर सकते हैं लेकिन आप कभी मेरे विचारों को कैद नहीं कर सकते।"

राजघाट नई दिल्ली में गांधी जी के स्मारक पर *"हे राम"* लिखा हुआ है। ऐसा व्यापक तौर पर माना जाता है कि जब गांधी जी को गोली मारी गई तब उनके मुख से निकलने वाले यह अंतिम शब्द थे।

गांधी का सत्याग्रह एवं अहिंसा

कोई लड़ाई अंतिम लड़ाई नहीं हो सकती। प्रेम ही अंतिम सत्य है। 'अहिंसा' किसी ऐसे आदमी को नहीं सिखाई जा सकती जो मरने से डरता है और जिसमें प्रतिरोध की क्षमता नहीं है। एक बेचारा चूहा इसलिए अहिंसक नहीं है कि वह हमेशा बिल्ली का शिकार बन जाता है... हम उसे कायर नहीं कहते क्योंकि प्रकृति ने उसे ऐसा बनाया है। लेकिन अगर एक आदमी खतरे का सामना होने पर चूहे की तरह भाग जाए तो हम उसे निश्चित रूप से कायर कहेंगे।'

- 5 जुलाई 1942, हरिजन

'बिलकुल वैसे ही जैसे हिंसा के प्रशिक्षण में एक व्यक्ति के लिए मारने की कला सीखना जरूरी है अहिंसा के प्रशिक्षण में जरूरी है मरने की कला सीखना।'

- Jame w. Douglas की किताब Gandhi: The Unspeakable के पहले पृष्ठ पर

पहले कला के लिए आपको अमानवीयता की हद तक जाना होता है, दूसरे के लिए मानवीयता की हद तक।

गांधीवाद का प्रभाव

अमेरिका के नागरिक आंदोलन के नेताओं में मार्टिन लूथर किंग और जेम्स लाव्सन गांधी के लेखन, जो उन्हीके सिद्धांत अहिंसा को विकसित करती है। दक्षिण अफ्रीका के पूर्व राष्ट्रपति नेल्सन मंडेला, गांधी जी से प्रेरित थे। और दूसरे लोग खान अब्दुल गफ्फार खान, स्टीव विको और ऑग सुकई हैं। ब्राजील की नारीवादी मारिया लासदी दे मौरा ने अपने कार्य शांति में गांधी के बारे में लिखा है।

1931 में उल्लेखनीय भौतिक विज्ञानी अल्बर्ट आइंस्टीन, गांधी के साथ पत्राचार करते थे और अपने बाद के पत्रों में उन्हैं आने वाली पीढ़ियों का आदर्श कहा। लांजा देलवास्तो महात्मा गांधी के साथ रहने के इरादे से सन 1936 में भारत आया।

15 जून 2007 को संयुक्त राष्ट्र महासभा ने 2 अक्टूबर को अंतरराष्ट्रीय *अहिंसा दिवस* के रूप में मनाने की घोषणा की।

हमारी धारणा

प्रश्न: गांधीजी एक चालाक राजनेता या महात्मा?

उत्तर: राजनीति भावनाओं से नहीं चलती। वो चलती है प्रबुद्धता से। जिसके पास जितनी प्रबुद्धता वह उतना ज्यादा आगे। गांधीजी जब भारत आए तब भारत की आर्थिक, सामाजिक, शैक्षिक स्थिति अच्छी नहीं थी। लेकिन आजादी के लिए विरोध, विद्रोह और क्रांति आवश्यक थी। लेकिन ऐसी स्थितियों में गांधी जी ने प्रबोधन से जागृत मानसिकताओं को प्रभावित किरा। और इसी प्रभाव के चलते वे आम जनता में राजनीतिक चेतना लाकर जनआंदोलन खड़ा कर पाए। लोगों ने प्रभावित होकर उन्हें *'महात्मा'* कहा। उन्होंने खुद नहीं कहलवाया। यदि कोई और था तो आगे क्यों नहीं आया?

प्रश्न: क्या गांधी मुस्लिम संप्रदाय के पक्षधर थे?

उत्तर: गांधी स्वयं हिंदू परिवार के में पैदा हुए। जिनका पूरा जीवन श्रीमद्भागवत गीता पर आधारित रहा। मरते वक्त जिनके अंतिम शब्द है *राम* रहे।

असहयोग आंदोलन में गांधीजी ने केवल खिलाफत आंदोलन का ही नहीं शामिल किया था बल्कि पंजाब सहित और भी जगहों के स्थानीय मुद्दे शामिल किए थे। ताकि सभी लोग एक साथ आकर एक बड़ी ताकत के रूप में अंग्रेजों का प्रतिकार कर सकें।

जो लोग ऐसा कहते हैं जो भूल जाते हैं नौअखाली, पश्चिम बंगाल में दंगों को देखकर गांधी जी कहते हैं, "आम मुसलमान एक गुंडा है और आज हिंदू एक कायर।" यह दोनों के लिए ही शर्म की बात है। लेकिन गांधी जो देखते हैं वह स्पष्ट रूप से कहते हैं। वो यहाँ पर हिंदुओं के पक्ष में खड़े दिखते हैं।

जिन्ना केवल गांधी जी से घबराते हैं। गांधी के मरने पर जिन्ना ने कहा, "एक अच्छा हिंदू मर गया।" ये जिन्ना देख पा रहे हैं और हम कहते हैं मुस्लिम के पक्षधर थे।

प्रश्न: क्या गांधी और भगत सिंह के बीच कोई लकीर है?

उत्तर: गांधी जी द्वारा लगाई गई राजनीतिक चेतना ही जमीन तक भारत की आजादी लड़ाई को पहुंचाया। और इसी चेतना से उत्पन्न होते हैं भगत सिंह। तो भगत सिंह और महात्मा गांधी एक दूसरे के पूरक हैं विरोधी नहीं।

महात्मा गांधी ने भगत सिंह, सुखदेव, राजगुरु को बचाने के लिए इरविन को पत्र लिखें। जो दस्तावेजों में उपलब्ध है। लेकिन अंग्रेजी इतने मूर्ख नहीं थे कि अपने फायदे को किनारे करके गांधी जी की बात को मान लें। बल्कि सच ये है अंग्रेज थे ही कितने? भारतीय ही भारतीयों के दुश्मन थे। भगत सिंह के खिलाफ केस लड़ने वाले राय बहादुर सूर्य नारायण भी भारतीय थे और भगत सिंह की फांसी के बाद लाश को बोरे में भरकर जलाने वाला भी भारतीय था।

कथन

1. एक आंख के लिए दूसरी आंख पूरी दुनिया को अंधा बना देगी।

2. मैं मानता हूं कि जहां डरपोक और हिंसा में से किसी एक को चुनना हो तो मैं हिंसा के पक्ष में अपनी राय दूंगा।

3. ऐसे जियो जैसे आपको कल मरना है, और सीखें ऐसे जैसे आपको हमेंशा जीवित रहना है।

4. पहले वो आपकी उपेक्षा करेंगे, फिर आप पर हसेंगे, फिर आप से लड़ेंगे और अंत में आप जीत जाएंगे।

5. मेरा जीवन मेरा संदेश है।

6. जहां प्यार है, वहां जीवन है।

7. एक विनम्र तरीके से, आप दुनिया को हिला सकते हैं।

कर्म करो आसक्ति बिन, बन जाओ इंसान।
मानव का यह धर्म है, गीता का यह ज्ञान।।

8

सिद्धार्थ से सिद्धि तक

सिद्धार्थ का जन्म लुंबिनी में 569 ईसा पूर्व इक्ष्वाकु वंशीय क्षत्रिय शाक्य कुल के राजा शुद्धोधन के घर में हुआ था। उनकी माता का नाम महामाया था। इनके जन्म के 7 दिन बाद इनकी माता का निधन हो गया। इनका पालन पोषण महारानी की छोटी बहन और शुद्धोधन की दूसरी पत्नी महाप्रजापति गौतमी ने किया। जन्म समारोह के दौरान, साधु द्रष्टा असित ने घोषणा की- बच्चा या तो एक महान राजा या एक पवित्र पथ प्रदर्शक बनेगा। पांचवें दिन एक नामकरण समारोह आयोजित किया और 8 विद्वानों ने भविष्य पढ़कर, एक सी और दोहरी भविष्यवाणी की, कि बच्चा या तो एक महान राजा या एक पवित्र आदमी बनेगा।

भविष्यवाणी से चिंतित राजा शुद्धोधन ने सिद्धार्थ के लिए भोग विलास का भरपूर प्रबंध कर दिया। तीन ऋतुओं के लायक तीन सुंदर महल बनवा दिए। वहां पर नाच गान और मनोरंजन के सारी सामग्री जुटा दी गई। दास दासी उसकी सेवा में रख दिए गए। पर यह सब चीजें सिद्धार्थ को संसार से बांधकर नहीं रख सकीं। वरांत ऋतु में एक दिन सिद्धार्थ बगीचे की सैर पर निकले। उन्हें सड़क पर *बूढ़ा आदमी* दिखाई दिया। उसके दांत टूट गए थे, बाल पक गए थे, शरीर टेढ़ा हो गया था। हाथ में लाठी पकड़े धीरे-धीरे कांपता हुआ वह सड़क पर चल रहा था। दूसरी बार कुमार जब बगीचे की सैर पर निकला तो उसकी आंखों के आगे एक *रोगी* आ गया। उसकी सांस तेजी से चल रही थी, कंधे ढीले पड़ गए थे, बाह सूख गई थी, पेट फूल गया था। चेहरा पीला पड़ गया था। दूसरे के सहारे वह बड़ी मुश्किल से चल पा रहा था। तीसरी बार सिद्धार्थ को एक *अर्थी* मिली। चार आदमी उसे उठाकर लिए जा रहे थे। पीछे-पीछे बहुत से लोग थे कोई रो रहा था, कोई छाती पीट रहा था, कोई अपने बाल नोच रहा था। इन दृश्यों ने सिद्धार्थ को बहुत विचलित

किया। उन्होंने सोचा कि धिक्कार है जवानी को, जो जीवन को सोख लेती है। धिक्कार है स्वास्थ्य को, जो शरीर को नष्ट कर देता है। धिक्कार है जीवन को, जो इतनी जल्दी अपना अध्याय पूरा कर देता है। क्या बुढ़ापा, बीमारी और मौत सदा इसी तरह होती रहेगी? चौथी बार बगीचे की सैर को निकला तो उसे *संन्यासी* दिखाई पड़ा। संसार की सारी भावनाओं और कामनाओं से मुक्त प्रसन्न संन्यासी ने सिद्धार्थ को आकृष्ट किया।

16 वर्ष की उम्र में सिद्धार्थ का कन्या यशोधरा के साथ विवाह हुआ। उनके पुत्र राहुल का जन्म हुआ। इन प्रश्नों के हल के लिए ज्ञानोदय की तलाश में घर बार छोड़कर तपस्या पर निकलने का निश्चय करता है। और तपस्या की अनुमति लिए पिता से संवाद...

पिता: (अनुमति देने से मना करने के बाद) सिद्धार्थ तुम यहां क्यों रुके हो?

सिद्धार्थ: आप जानते हैं, क्यों? (चीवर में खड़े सर्द रात्रि में)

पिता: क्या तुम सुबह, दोपहर, शाम तक इसी तरह खड़े प्रतीक्षा करते रहोगे?

सिद्धार्थ: मैं खड़ा रहूंगा और प्रतीक्षा करूंगा।

पिता: तुम थक जाओगे, सिद्धार्थ।

सिद्धार्थ: मैं थक जाऊंगा।

पिता: तुम मर जाओगे ।

सिद्धार्थ: मैं मर जाऊंगा।

पिता: क्या तुम अपने पिता की आज्ञा का पालन करने के बजाय मरना चाहोगे?

सिद्धार्थ: अंत में मरना तो सभी को है।

(रात भर सर्दी में खड़े रहने के बाद सिद्धार्थ के चेहरे पर कोई थरथराहट नहीं थी। आंखें चमक रही थी। पिता समझ चुके थे वह उनसे किनारा कर चुका है।)

पिता: [(सिद्धार्थ के कंधे पर हाथ रखते हुए) तुम वन में जाओगे, श्रमण बनोगे। अगर तुम्हें वन में आनंद प्राप्त हो तो वापस आकर मुझे भी सिखाना।]

अंततः 29 वर्ष की अवस्था में सिद्धार्थ ने गया में निरंजना नदी के तट पर पीपल के वृक्ष के नीचे केवल तिल चावल खाकर तपस्या शुरू की। बाद में उन्होंने आहार लेना बंद कर दिया। शरीर सूखकर कांटा हो गया। 6 साल बीत गए तपस्या करते हुए। सिद्धार्थ की तपस्या सफल नहीं हुई। एक दिन कुछ स्त्रियां किसी नगर से लौटती हुई वहां से निकलीं, जहां सिद्धार्थ तपस्या कर रहे थे। उनका एक गीत सिद्धार्थ के कानों में पड़ा - *'वीणा के तारों को ढीला मत छोड़ो। ढीला छोड़ देने से उनका सुरीला स्वर नहीं निकलेगा। पर तारों को इतना भी मत करो कि वो टूट जाएं।'* यहां से सिद्धार्थ ने सोचा कि अति किसी बात की अच्छी नहीं होती और शांति हेतु *"मध्यम मार्ग"* दिया। वह मान गए कि नियमित आहार विहार से ही योग सिद्ध होता है। और 35 वर्ष की उम्र में वैशाख पूर्णिमा के दिन ज्ञान प्राप्त किया।

जिस पीपल वृक्ष के नीचे सिद्धार्थ को बोध मिला, वह *बोधि वृक्ष* कहलाया, और गया का समीपवर्ती वह स्थान *बोधगया।* और ज्ञान प्राप्ति के बाद सिद्धार्थ गौतम, भगवान गौतम बुद्ध कहलाए। अपने अनुभव के आधार पर बताया अपने ईश्वर के लिए खुद को कष्ट देना अपराध है। इसीलिए उन्होंने तपस्या और व्रत के तरीकों की निंदा की।

आषाढ़ की पूर्णिमा को वे काशी के पास मृगदाव (वर्तमान में सारनाथ) पहुंचे। वहीं पर उन्होंने सर्वप्रथम धर्म उपदेश दिया और प्रथम पांच मित्रों को अपना अनुयाई बनाया और फिर उन्हें धर्म प्रचार के लिए भेज दिया। इस घटना को *धम्मचक्र प्रवर्तन* कहा गया। आनंद, बुद्ध का प्रिय शिष्य था। बुद्ध आनंद को ही संबोधित करके अपने उपदेश देते थे।

पालि सिद्धांत के महापरिनिर्वाण सुत्त के अनुसार 80 वर्ष की आयु में बुद्ध ने घोषणा की, कि वे जल्द ही परिनिर्वाण के लिए रवाना होंगे। बुद्ध ने अपना आखिरी भोजन, जिसे उन्होंने कुंडा नामक एक लोहार से एक भेंट के रूप में प्राप्त किया था। ग्रहण करने के बाद गंभीर रूप से बीमार पड़ गए। बुद्ध ने अपने शिष्य आनंद को निर्देश दिया कि वह कुंडा को समझाएं कि उसने कोई *गलती नहीं की है। उन्होंने कहा कि यह भोजन अतुल्य है।* अंततः 80 वर्ष की आयु में कुशीनगर में 483 ईसा पूर्व *महापरिनिर्वाण* प्राप्त किया।

बुद्ध का मध्यम मार्ग दर्शन

महात्मा बुद्ध के उपदेश बड़े सीधे और सरल थे। उन्होंने चार सत्य दिए

1. समस्त संसार दुखों से भरा हुआ है।

2. दुख का कारण इच्छा या तृष्णा है।

3. इच्छाओं को त्याग कर देने से मनुष्य दुखों से छूट जाता है।

4. इच्छाओं को त्यागकर निर्वाण प्राप्त करने का तरीका अष्टांगिक मार्ग है।

उन्होंने निर्माण का जो मार्ग मानव मात्र को सुझाया था, वह आज भी उतना ही प्रासंगिक है जितना ढाई हजार वर्ष पूर्व था।

अष्टांगिक मार्ग

1. *सम्यक दृष्टि:* सत्य तथा असत्य को पहचानने की शक्ति। जो शख़्स दुखों से मुक्ति पाना चाहता है उसमें सत्य और असत्य को पहचानने की शक्ति होनी चाहिए।

2. *सम्यक संकल्प:* इच्छा एवं हिंसा रहित संकल्प। दुखों से मुक्ति के लिए हिंसा रहित प्रबल इच्छा होनी चाहिए।

3. *सम्यक वाणी:* सत्य एवं मृदु वाणी। सत्य और मधुर बोलने से इंसान को सुख की अनुभूति होती है और दुख उसके आसपास भी नहीं भटकता है।

4. *सम्यक कर्म:* दया, करुणा का भाव रखना और उचित दान पुण्य और अच्छे कर्मों से भी मनुष्य दुखों से दूर रहता है।

5. *सम्यक अजीव:* जीवन यापन का सदाचार पूर्ण उचित मार्ग।

6. *सम्यक व्यायाम:* किसी काम को करने के लिए अगर विवेकपूर्ण प्रयास किए जाएं तो सफलता जरूर अर्जित होती है और मानव दुखों से दूर रहता है।

7. *सम्यक् स्मृति:* अपने कर्मों के प्रति विवेकपूर्ण ढंग से सजग रहने से दुख दूर रहते हैं।

8. *सम्यक समाधि:* चित्त की एकाग्रता से मनुष्य के दुख दूर होते हैं।

(सम्यक का अर्थ है Balaneced (अति अच्छी नहीं होती।) निर्वाण के मार्ग को सरल बनाने के लिए 10 शीलो पर बल दिया।)।

शीलगुण

अहिंसा, सत्य, अस्तेय (चोरी ना करना), अपरिग्रह (संपत्ति ना रखना), मध सेवन ना करना, असमय भोजन ना करना, सुखप्रद बिस्तर पर नहीं सोना, धन संचय ना करना, व्यभिचार से दूर रहना, नृत्य ज्ञान आदि से दूर रहना।

महात्मा गौतम बुद्ध ने अपने उपदेशों से ना सिर्फ कई लोगों की जिंदगी को सफल बनाया बल्कि लोगों की सोच भी विकसित की। इसके साथ ही लोगों में दया और करुणा का भाव भी पैदा करने में अहम भूमिका निभाई।

हमारी धारणा

बुद्ध का मध्यम मार्गी दर्शन प्रासंगिक और यथार्थ है। वे कहते हैं संसार दुखों से भरा हुआ है। दुख का कारण इच्छा है। और इच्छाओं के त्याग का मार्ग है अष्टांगिक मार्ग। जिसका मूल है 'सम्यक'। सम्यक का अर्थ है Balanced, अर्थात 'जो जैसा है वैसा देखो'। क्योंकि अति या कमी जीवन के लिए अच्छी नहीं होती।

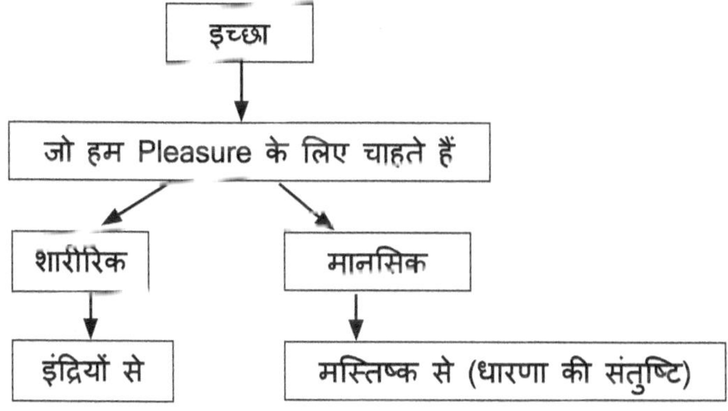

अर्थात हमारी धारणाएं ही हमारे दुख का मूल है। और धारणाएं आती हैं हमारे परिवार, समाज, अनुभवों (अच्छे अनुभव अच्छी धारणा, खराब अनुभव खराब धारणा) से और हमारे नजरिए से। और ये सब इंसान के अंदर और बाहरी चीजों से इंसान के अंदर पड़ने वाले प्रभाव का खेल है। इसलिए *खुद को देखो* (दर्शन), *खुद को सुनो* (दर्शन) एवं *खुद को महसूस करो* (दर्शन), अर्थात निर्वाण प्राप्त करने के लिए Self Observation एवं Self Monitoring करनी आवश्यक है। इसी को बुद्ध *'अप्प दीपो भव:'* अर्थात अपना दीपक स्वयं बनो' कहते हैं। ये शुरुआत में पागलपन लग सकता है लेकिन लगातार करने से आप कर पाएंगे। लेकिन इसके लिए *होश में होना* महत्वपूर्ण है। होश में रहने का तात्पर्य है आप स्पष्ट हो आपको क्यों करना है। 'क्यों' पता होने पर आप सारे प्रश्नवाचकों का जवाब खोज लेंगे। जब पूंछ में आग लगेगी तब तो इंसान पानी खोज ही लेगा।

बुद्ध कहते हैं दुख का मूल आसक्ति है। आसक्ति अर्थात मोह या लगाव। लगाव का अर्थ है लग जाना। मोह का एक और रूप है ममता जिसका अर्थ है, "ये चीज मेरी है, इसलिए मुझे पसंद है"। हम कह देते हैं मां का बेटे से प्रेम है। न मानो तो करके देख लेना एक मां को 6 महीने बाद पता चले बच्चा अस्पताल में बदल गया था। तो क्या कहेगी वो। इसी बच्चे को उठाकर कहेगी, मेरा बच्चा बदल कर लाओ। आप स्वयं विचार कीजिए प्रेम बच्चे से था या *'मेरे'* के भाव से था।

ऐसे ही पिता कहते हैं की बेटी के नाम पर FD कर दी, दहेज के लिए ये कर दिया, पढ़ा-लिखा दिया ताकि अच्छी शादी कर सकूं। आखिर क्यों? स्वयं के अहं को समाज के पैमाने पर संतुष्ट करने के लिए। खैर छोड़िए... मोह पर ही रहते हैं। मोह भविष्य में जीता है, मोह चिंता करता है, मोह बांधता है, मोह घृणा और दुख देता है। मोह कलह, क्लेश, चिंता और हिंसा देता है। प्रेम का घटिया और सस्ता विकल्प है मोह। ममता/लगाव/इसलिए धारणा और पूर्वाग्रहों को टटोलिए।

'प्रेम' को समझिए जो सर्वोत्तम है। जो बुद्ध, राम, कृष्ण, गांधी... के जीवन का सार है।

प्रेम कल की परवाह नहीं करता वो समझदार होता है। वो अच्छे से जानता है कि कल, आज से ही निकलेगा। प्रेम कहता है, "आज में पूरी तरह से डुबो। आज अगर सुंदर है तो कल की चिंता करने की जरूरत ही नहीं। ये प्रेम का अनिवार्य लक्षण है कि प्रेम आज में जिएगा।

प्रेम स्थिरता, शांति, आनंद, उत्साह, साहस और तनावरहित जीवन देता है। प्रेम मालकियत की भावना नहीं होता। प्रेम मुक्ति देता है। प्रेम आपको तट तोड़कर समग्र विकास की ओर अग्रसर करता है। हम (आशीष, श्वेता) अपने अनुभव से कह सकते हैं कि विकास का अर्थ है, जो गंदगी जमा है, जो आदतें इकट्ठा है, जिन ढर्रों पर चल रहे हैं उनसे मुक्त हो जाए, उनको हटा दिया जाए।

कोई भी चीज आपको उतना नुकसान नहीं पहुंचा सकती जितने आपके खुद के पुराने विचार। यह आपके जीवन के विकास के लिए भस्मासुर है। ठहरा हुआ पानी और ठहरा हुआ इंसान दोनों सड़ जाते हैं। बदलाव ही शाश्वत है। इसलिए जो बदलाव आपके व्यक्तित्व विकास के लिए आवश्यक हैं जरूर करिए। किसी के (समाज) दबाव या प्रभाव में आए बिना परिवर्तन स्वीकार कीजिए। क्योंकि यह समाज प्रेमी नहीं है व्यापारी है। इसलिए अपनी जिंदगी को अपने हिसाब से पूर्णता से जिए। समाज का क्या यह मुनाफा देखकर झुकता है। एक छोटे से अनुभव से आपको पूरी झलक देते हैं:

एक गांव में एक जाति की लड़की ने दूसरी जाति की लड़की से प्रेम विवाह कर लिया तो समाज के दबाव में उन्होंने अपनी बेटी से संबंध खराब कर लिए और समाज में बहिष्कृत सा कर दिया। फिर कुछ समय बाद उसी गांव में एक सम्पन्न परिवार की बेटी ने दूसरे कास्ट के लड़के शादी कर ली। फिर उसी समाज ने निर्णय लिया कि अब सब राबसे बोलेंगे क्योंकि कल किसी के भी बच्चे कोई भी निर्णय लेंगे। तो आप स्वयं विचार करिए? समाज? परिवर्तन? आप?

यदि आप उन्नति के दिशा में बदलाव करते हैं तो आप यश और उत्कर्ष प्राप्त करते हैं। यदि आप पुराने ढर्रे और दबाव में परिवर्तन नहीं करते तो समय के साथ ग्लानि और पश्चाताप से आप भर जाते हैं।

स्वयं विचार कीजिए। अप्पदीपो भव।

कथन

1. आप तब तक रास्ते पर नहीं चल सकते जब तक आप खुद अपना रास्ता नहीं बना लेते हो।

2. ज्ञानी व्यक्ति कभी नहीं मरते और जो नासमझ है वह पहले से मरे हुए हैं।

3. झूठे व्यक्ति की ऊंची आवाज सच्चे व्यक्ति को चुप करवा देती है, लेकिन सच्चे व्यक्ति का मौन झूठे व्यक्ति की जड़ें हिला देता है।

4. संभव की सीमा जानने का केवल एक ही तरीका है असंभव से भी आगे निकल जाना।

5. जैसे मोमबत्ती बिना आग के नहीं जल सकती, मनुष्य भी आध्यात्मिक जीवन के बिना नहीं जी सकता ।

6. अंत में यह चीजें सबसे अधिक मायने रखती हैं: आपने कितने अच्छे से प्रेम किया? आपने कितनी पूर्णता के साथ जीवन जिया? आपने कितनी गहराई से अपनी कुंठाओं को जाने दिया।

7. जीवन में आपका उद्देश्य अपना उद्देश्य पता करना है और उसमें जी जान से जुट जाना है।

8. सच्चा प्रेम समझ से उत्पन्न होता है।

9. इस तिहरे सत्य को सभी को सिखाओ: एक उदार दिल, दयालु भाषण तथा सेवा और करुणा का जीवन। ये वो चीजें हैं जो मानवता को नवीनीकृत करती हैं।

जाति न पूछो साधु की, पूछ लीजिए ज्ञान।
मोल करो तलवार का, पड़ी रहन दो म्यान।।

Quick Resets

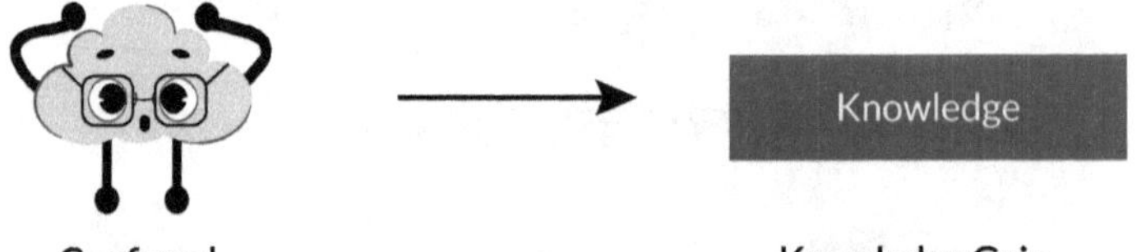

9
मन के जीते जीत

महान राजनेता जुझारू मानवाधिकार कार्यकर्ता और अप्रतिम शिक्षाविद डॉ. भीमराव अंबेडकर का जन्म 14 अप्रैल 1891 को ब्रिटिश काल के मध्य प्रदेश के महुनगर सैन्य छावनी में हुआ था। सूबेदार रामजी सकपाल और भीमाबाई की 14वीं व अंतिम संतान थे। उनका परिवार मूल रूप से महाराष्ट्र के रत्नागिरी जिले में आंबड़बे गांव का मूल निवासी था। वे हिंदू महार जाति (जो अछूत मानी जाती थी) से संबंध रखते थे। इसीलिए उन्हें सामाजिक एवं आर्थिक रूप से गहरा भेदभाव सहन करना पड़ता था।

भीमराव ने सातारा नगर में राजवाड़ा चौक पर स्थित शासकीय हाई स्कूल (अब प्रताप सिंह हाई स्कूल) में 7 नवंबर 1900 को अंग्रेजी की पहली कक्षा में प्रवेश लिया। इसी दिन से उनके शैक्षिक जीवन का आरंभ हुआ था। इसलिए 7 नवंबर को महाराष्ट्र में विद्यार्थी दिवस के नाम से मनाया जाता है। यहां उन्होंने अपने नाम के आगे आम्बडबेकर उपनाम लिखवाया जो कि उनके आंबड़बे गांव से संबंधित था। उसके बाद अपने एक ब्राह्मण शिक्षक कृष्णा केशव आंबेडकर, जो उनसे विशेष स्नेह रखते थे, से प्रभावित होकर आम्बडबेकर को हटाकर आंबेडकर कर दिया।

रामजी सकपाल परिवार के साथ मुंबई चले आए। अप्रैल 1906 में, जब भीगराव लगभग 15 वर्ष आयु के थे तो 9 साल की लड़की रमाबाई से उनकी शादी कराई गई थी। तब वे पांचवीं कक्षा में पढ़ रहे थे। उन दिनों भारत में बाल विवाह का प्रचलन था। 1907 में, उन्होंने अपने मैट्रिक परीक्षा उत्तीर्ण की और अगले वर्ष उन्होंने एल्फिंस्टन कॉलेज में प्रवेश लिया जो बोम्बे विश्वविद्यालय से संबंध था। इस स्तर पर शिक्षा प्राप्त करने वाले अपने समुदाय से वे पहले व्यक्ति थे।

1912 तक उन्होंने बोम्बे विश्वविद्यालय से अर्थशास्त्र और राजनीतिक विज्ञान में कला स्नातक (B.A.) प्राप्त की। और बड़ौदा राज्य सरकार के साथ काम करने लगे। लेकिन काम शुरू करने के बाद उन्हें अपने बीमार पिता को देखने के लिए मुंबई लौटना पड़ा, जिनका 2 फरवरी 1913 को निधन हो गया।

1913 में अंबेडकर 22 वर्ष की आयु में संयुक्त राज्य अमेरिका चले गए। जहां उन्हें सयाजीराव गायकवाड तृतीय (बड़ौदा) के द्वारा स्थापित एक योजना के अंतर्गत न्यूयॉर्क नगर स्थित कोलंबिया विश्वविद्यालय में स्नातकोत्तर शिक्षा के अवसर प्रदान करने के लिए 3 वर्ष के लिए $11.50 प्रतिमाह छात्रवृत्ति प्रदान की गई।

जून 1915 में उन्होंने अपनी कला स्नातकोत्तर (M.A.) की परीक्षा पास की जिसमें प्रमुख विषय अर्थशास्त्र, राजनीति विज्ञान, इतिहास और समाजशास्त्र थे। उन्होंने स्नातकोत्तर के लिए प्राचीन भारतीय वाणिज्य विषय पर शोधकार्य प्रस्तुत किया। 1916 में उन्होंने अपना शोध कार्य, *भारत का राष्ट्रीय लाभांश एक ऐतिहासिक और विश्लेषणात्मक अध्ययन* के लिए दूसरी कला स्नातकोत्तर प्रदान की गई और 1916 में अपने तीसरे शोध कार्य *ब्रिटिश भारत में प्रांतीय वित्त का विकास* के लिए अर्थशास्त्र में (Ph.D.) प्राप्त की।

अक्टूबर 1916 में लंदन चले गए और वहां उन्होंने ग्रेज इन में बैरिस्टर कोर्स के लिए प्रवेश लिया, और साथ ही लंदन स्कूल ऑफ़ इकोनॉमिक्स में भी प्रवेश लिया। जहां उन्होंने अर्थशास्त्र के डॉक्टरेट थीसिस पर काम करना शुरू किया। लेकिन तब तक बड़ौदा राज्य में उनकी छात्रवृत्ति समाप्त हो गई। फिर 1920 में कोल्हापुर के साहू जी महाराज अपने पारसी मित्र के सहयोग और कुछ निजी बचत के सहयोग से वे एक बार फिर से इंग्लैंड वापस जाने में सफल हो पाए तथा 1921 में विज्ञान स्नातकोत्तर (M.Sc.) प्राप्त की। 1923 में उन्होंने अर्थशास्त्र में डीएससी उपाधि प्राप्त की।

भीमराव अंबेडकर कुल 64 विषयों में मास्टर थे, 9 भाषाओं के जानकार थे, उनके पास 32 डिग्रियां थी।

छुआछूत के विरुद्ध संघर्ष

अंबेडकर ने कहा था, "छुआछूत गुलामी से भी बदतर है।" अंबेडकर बड़ौदा की रियासत द्वारा शिक्षित थे। अतः उनकी सेवा करने के

लिए बाध्य थे। (शर्त के अनुसार) उन्हें महाराजा गायकवाड का सैन्य सचिव नियुक्त किया गया लेकिन जातिगत भेदभाव के कारण कुछ ही समय के उन्हें नौकरी छोड़नी पड़ी। उन्होंने इस घटना को अपनी आत्मकथा वेटिंग फॉर अ वीजा में वर्णित किया।

1918 में, यह मुंबई में सिडेनहैम कॉलेज ऑफ कॉमर्स एंड इकोनॉमिक्स में राजनीतिक अर्थशास्त्र के प्रोफेसर बने। हालांकि छात्रों के साथ सफल रहे फिर भी अन्य प्रोफेसरों ने उनके साथ पानी पीने के बर्तन साझा करने पर विरोध किया। 1920 में मुंबई से उन्होंने साप्ताहिक मूकनायक के प्रकाशन की शुरुआत की भीमराव अंबेडकर ने इसका प्रयोग रूढ़िवादी हिंदू राजनेताओं व जातीय भेदभाव से लड़ने के प्रति भारतीय राजनैतिक समुदाय की अनिच्छा की आलोचना करने के लिए किया।

बॉम्बे उच्च न्यायालय में विधि का अभ्यास करते हुए, उन्होंने अछूतों की शिक्षा को बढ़ावा देने और उन्हें ऊपर उठाने के प्रयास किए। उनका पहला संगठित प्रयास केंद्रीय संस्थान बहिष्कृत हितकारिणी सभा की स्थापना था। दलित अधिकारों की रक्षा के लिए उन्होंने मूकनायक, बहिष्कृत भारत, समता, प्रबुद्ध भारत और जनता जैसी पांच पत्रिकाएं निकाली।

1930 में अंबेडकर ने 3 महीने की तैयारी के बाद कालाराम मंदिर सत्याग्रह आरंभ किया। काला राम मंदिर आंदोलन में लगभग 15000 स्वयंसेवक इकट्ठे हुए जिससे नासिक की सबसे बड़ी पक्तिगाएं हुईं।

पूना पैक्ट

अंबेडकर ने भारतीय राष्ट्रीय कांग्रेस और उसके नेता महात्मा गांधी की भी आलोचना की। उन्होंने उन पर अछूत समुदाय को एक करुणा की वस्तु के रूप में प्रस्तुत करने का आरोप लगाया।

लंदन में 8 अगस्त 1930 को एक शोषित वर्ग के राग्गेलन (प्रथम गोलमेज सम्मेलन) के दौरान अंबेडकर ने अपनी राजनीतिक दृष्टि को दुनिया के सामने रखा।

" हमें अपना रास्ता स्वयं बनाना होगा और स्वयं... राजनीतिक शक्ति शोषितों की समस्याओं का निवारण नहीं हो सकते उनका उद्धार समाज में उनका उचित स्थान पाने में निहित है। उनको अपना रहने का बुरा तरीका बदलना होगा... उनको शिक्षित होना

चाहिए,... एक बड़ी आवश्यकता उनकी हीनता की भावना को झकझोरने और उनके अंदर उस दैवीय असंतोष की स्थापना करने की है जो सभी ऊंचाइयों का स्रोत है।

गांधी को लगता था कि सवर्णों को छुआछूत भुलाने के लिए उनके हृदय परिवर्तन होने के लिए कुछ वर्षों की अवधि दी जानी चाहिए। किंतु यह तर्क गलत सिद्ध हुआ। जब सवर्ण हिंदुओं द्वारा पुणे संधि के कई दशकों बाद भी छुआछूत का नियमित पालन होता रहा।

पृथक निर्वाचन का में दलित वर्ग को 2 वोटों का अधिकार प्रदान किया गया। इसके अंतर्गत एक वोट से दलित अपना प्रतिनिधि चुन सकते थे व दूसरी बोर्ड से सामान्य वर्ग का प्रतिनिधि चुनने की आजादी थी। इस प्रकार दलित प्रतिनिधि केवल दलितों की वोट से चुना जाना था।

गांधीजी इस समय पुणे की यरवदा जेल में थे। कम्युनल अवार्ड की घोषणा होते ही गांधी ने पहले प्रधानमंत्री को पत्र लिखकर इसे बदलवाने की मांग की। लेकिन जब उन्हें लगा कि उनकी मांग पर अमल नहीं किया जा रहा तो उन्होंने मरण व्रत रखने की घोषणा कर दी। तभी अंबेडकर ने कहा कि यदि गांधी देश की स्वतंत्रता के लिए यह व्रत रखते तो अच्छा होता, लेकिन उन्होंने दलितों के विरोध में यह व्रत रखा है जो बेहद अफसोस जनक है।

गांधी जी के आमरण अनशन को लेकर देश में बढ़ते दबाव को देख अंबेडकर 24 सितंबर 1932 को शाम 5:00 बजे यरवदा जेल पहुंचे। यहां गांधी और अंबेडकर के बीच समझौता हुआ जो *बाद में पूना पैक्ट* के नाम से जाना गया। इस समझौते में अंबेडकर ने दलितों को कम्युनल अवार्ड में मिले पृथक निर्वाचन के अधिकार को छोड़ने की घोषणा की। लेकिन इसके साथ ही कम्युनल अवार्ड से मिली 78 आरक्षित सीटों के बजाय पूना पैक्ट में आरक्षित सीटों की संख्या बढ़ाकर 148 करवा ली।

अंबेडकर का राजनीतिक कैरियर 1926 में शुरू हुआ और 1956 तक वह राजनीति क्षेत्र में विभिन्न पदों पर रहे। दिसंबर 1926 में बॉम्बे के गवर्नर ने उन्हें बॉम्बे विधान परिषद के सदस्य के रूप में नामित किया वे 1936 तक बॉम्बे लेजिसलेटिव काउंसिल के सदस्य थे।

1936 में अंबेडकर ने स्वतंत्र लेबर पार्टी की स्थापना की, जो 1937 में केंद्रीय विधानसभा चुनाव में 13 सीटें जीती। उन्हें बॉम्बे

विधानसभा के विधायक के रूप में चुना गया था। वह 1942 तक विधानसभा के सदस्य रहे और इस दौरान उन्होंने बॉम्बे विधानसभा में विपक्ष के नेता के रूप में भी कार्य किया।

ऑल इंडिया शेड्यूल फेडरेशन एक सामाजिक राजनीतिक संगठन था जिसकी स्थापना दलित समुदाय के अधिकारों के लिए अभियान चलाने के लिए 1942 में डॉ. अंबेडकर द्वारा की गई थी। वर्ष 1942 से 1946 के दौरान आंबेडकर ने रक्षा सलाहकार समिति और वायसराय की कार्यकारी परिषद में श्रम मंत्री के रूप में सेवारत दी।

अंबेडकर दो बार भारतीय संसद के ऊपरी सदन राज्यसभा में महाराष्ट्र का प्रतिनिधित्व करने वाले भारत की संसद के सदस्य बने थे। राज्यसभा सदस्य के रूप में उनका पहला कार्यकाल 3 अप्रैल 1952 से 2 अप्रैल 1956 के बीच था। आंबेडकर ने 1952 में बॉम्बे निर्वाचन क्षेत्र में लोकसभा का चुनाव एक निर्दलीय उम्मीदवार के रूप में लड़ा परमेन नारायण सडोवा काजोलकर से 14561 वोट से हार गए। उनका राज्यसभा का दूसरा कार्यकाल 3 अप्रैल 1956 से 2 अप्रैल 1962 तक आयोजित किया जाना था। लेकिन कार्यकाल समाप्त होने से पहले 6 दिसंबर 1956 को उनका निधन हो गया।

धर्म परिवर्तन

डॉ आंबेडकर के पत्नी रमाबाई अपनी मृत्यु से पहले तीर्थ यात्रा के लिए पंढरपुर जाना चाहती थीं। पर उन्होंने उन्हें इसकी इजाजत नहीं थी। अंबेडकर ने कहा कि उस हिंदू धर्म में जहां उनको अछूत माना जाता है जाने का कोई औचित्य नहीं है इसके बजाय उन्होंने उनके लिए एक नया पंढरपुर बनाने की बात कही।

हिंदू समाज का यह कहना था कि मनुष्य धर्म के लिए है। जबकि अंबेडकर का मानना था कि धर्म मनुष्य के लिए है। अंबेडकर ने कहा ऐसे धर्म का कोई मतलब नहीं जिसमें मनुष्यता का कुछ भी मूल्य नहीं। जो अपने ही धर्म के अनुयायियों (अछूतों) को धर्म की शिक्षा प्राप्त नहीं करने देता नौकरी करने में बाधा पहुंचाता है। बात बात पर अपमानित करता है और यहां तक कि पानी तक नहीं पीने देता ऐसे धर्म में रहने का कोई मतलब नहीं। अंबेडकर ने धर्म को त्यागने की फैसला कुछ मौलिक सिद्धांतों को लेकर किया जिनका हिंदू धर्म में बिल्कुल तालमेल नहीं था।

13 अक्टूबर 1935 को महाराष्ट्र के नासिक जिले के येवला में अछूतों के विशाल सम्मेलन में धर्म परिवर्तन की घोषणा करते हुए कहा "दुर्भाग्य से मैं हिंदू धर्म में पैदा हुआ यह मेरे बस की बात नहीं थी लेकिन हिंदू के रूप में मरूंगा नहीं।"

11-13 अप्रैल 1936 सिख धर्म के प्रति झुकाव। सिख धर्म के मिशनरी कांफ्रेंस में हिस्सा लेने के लिए अमृतसर गए। स्वर्ण मंदिर में भव्य स्वागत। ईसाई व मुस्लिम नेताओं द्वारा किए जाने वाले लोभ के प्रस्ताव को ठुकराया। कहा, "मैं अपने लोगों को बचाने के लिए हूं बेचने के लिए नहीं।"

गहन अध्ययन और विश्लेषण के बाद भीमराव अंबेडकर ने कहा, "मैं भगवान बुद्ध और उनके मूल धर्म की शरण जा रहा हूं। मैं प्रचलित बौद्ध पंथो से तटस्थ हूं। मैं जिस बौद्ध धर्म को स्वीकार कर रहा हूं, वह नव बौद्ध धर्म या नवयान है।" 14 अक्टूबर 1956 को नागपुर शहर में 3.65 लाख अनुयायियों के साथ बौद्ध धर्म स्वीकार किया। क्योंकि उसमें 3 सिद्धांतों का समन्वित रूप मिलता है जो अन्य धर्म में नहीं मिलता। बौद्ध धर्म प्रज्ञा (अंधविश्वास तथा अब प्रकृतिवाद के स्थान पर बुद्धि का प्रयोग), करुणा (प्रेम) और समता की शिक्षा देता है।

संविधान निर्माता

15 अगस्त 1947 को भारत की आजादी के बाद कांग्रेस के नेतृत्व वाली नई सरकार अस्तित्व में आई तो अंबेडकर को पहले कानून एवं न्याय मंत्री बनाया गया। 29 अगस्त 1947 को अंबेडकर को स्वतंत्र भारत के नए संविधान की रचना के लिए बनी संविधान के प्रारूप समिति के अध्यक्ष के रूप में नियुक्त किया गया।

अंबेडकर एक बुद्धिमान संविधान विशेषज्ञ थे उन्होंने लगभग 60 देशों के संविधान का अध्ययन किया था। अंबेडकर को *"भारत के संविधान का पिता"* के रूप में मान्यता प्राप्त है।

अंबेडकर ने भारत के संविधान के अनुच्छेद 370 का विरोध किया। जिसने जम्मू कश्मीर राज्य को विशेष दर्जा दिया था। आंबेडकर सामान नागरिक संहिता के पक्षधर थे। उन्होंने हिंदू और मुसलमानों के सांप्रदायिक विभाजन के बारे में अपने विचारों के

पक्ष में आटोमन साम्राज्य और चेकोस्लोवाकिया के विघटन जैसे ऐतिहासिक घटनाओं का जिक्र थॉट्स ऑन पाकिस्तान नामक 400 पृष्ठों वाली अपनी पुस्तक में किया।

1990 में उन्हें मरणोपरांत भारत के सर्वोच्च नागरिक सम्मान *भारत रत्न* से सम्मानित किया गया है। महात्मा गांधी ने "सर्वश्रेष्ठ विद्वान", लॉर्ड माउंटबेटन ने "दूरदर्शी राजनेता" और संयुक्त राष्ट्र संघ ने "विश्व का प्रणेता" की उपाधियों से डॉक्टर भीमराव अंबेडकर को नवाजा।

हमारी धारणा

मन के हारे हार है, मन के जीते जीत।

कथन

1. गलत को गलत कहने की क्षमता नहीं है तो आप की प्रतिमा व्यर्थ है।

2. जो धर्म जन्म से एक को श्रेष्ठ और दूसरे को नीच बताएं वह धर्म नहीं गुलाम बनाए रखने का षड्यंत्र है। मैं ऐसे धर्म को मानता हूं जो स्वतंत्रता समानता और भाईचारा सिखाएं।

3. मनुष्य नश्वर है उसी तरह विचार भी नश्वर है एक विचार को प्रचार-प्रसार की जरूरत होती है जैसे कि एक पौधे को पानी की, नहीं तो दोनों मुरझा कर भर जाते हैं।

4. अन्याय से लड़ते हुए आप की मौत हो जाती है तो आपकी आने वाली पीढ़ियां उसका बदला अवश्य लेंगे किंतु अन्याय सहते सहते यदि मर जाओगे तो आने वाली पीढ़ियां भी गुलाम बनी रहेंगी।

5. हिम्मत इतनी बड़ी रखो कि किस्मत छोटी लगने लगे।

6. बुद्धि का विकास मानव के अस्तित्व का अंतिम लक्ष्य होना चाहिए।

7. इतिहास बताता है कि जहां नैतिकता और अर्थशास्त्र के बीच संघर्ष होता है वहां जीत हमेशा अर्थशास्त्र की होती है।

8. मैं किसी समुदाय की प्रगति महिलाओं ने जो प्रगति की है उससे मापता हूं।

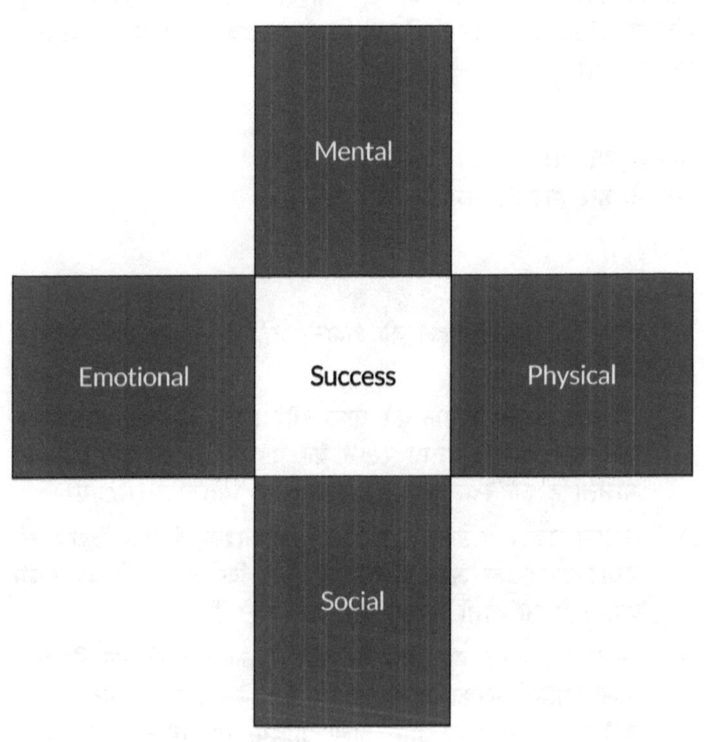

Domains of Development

10
पागल पैगंबर

मौलाना मोहम्मद जलालुद्दीन रूमी का जन्म फारस देश के प्रसिद्ध नगर बल्ख में 30 सितंबर 1206 (604 हिजरी में) को हुआ था। रूमी के पिता शेख बहाउद्दीन अपने समय के अद्वितीय विद्वान थे। जिनके उपदेश सुनने और फतवे लेने फारस के बड़े बड़े अमीर और विद्वान आया करते थे। एक बार किसी मामले में सम्राट से मतभेद होने के कारण उन्होंने बल्ख नगर छोड़ दिया।

यात्रा करते हुए सन 610 हिजरी में नेशांपुर नामक नगर में पहुंचे। उस समय बालक जलालुद्दीन की उम्र 6 वर्ष की थी। ख्वाजा अत्तार ने जब उन्हें देखा तो बहुत खुश हुए और उनके पिता ने कहा, यह बालक एक दिन अवश्य महान पुरुष होगा। इसकी शिक्षा और देखरेख में कभी कमी नहीं करना।

रूमी अपने पिता के विद्वान शिष्य सैयद बरहानुद्दीन से पढ़ा करते थे। पिता की मृत्यु के बाद वह दमिश्क और हलब के विद्यालयों में शिक्षा प्राप्त करने के लिए चले गए और लगभग 15 वर्ष बाद वापस लौटे। उस समय उनकी उम्र 40 वर्ष की हो गई थी। तब तक रूमी की विद्वता और सदाचार की इतनी प्रसिद्धि हो गई थी कि देश-देशांतर से लोग उनके दर्शन करने और उपदेश सुनने आया करते थे। रूमी भी लोगों को सद्मार्ग दिखाने और उपदेश देने में लगे रहते थे। इसी अर्से में उनकी भेंट विख्यात साधु शम्स तबरेज से हुई जिन्होंने रूमी को अध्यात्म विद्या दी और उसके गुप्त रहस्य बतलाए।

रूमी की प्रसिद्धि से प्रभावित शम्स तबरेज ने रूमी पर जादू कर दिया। इसलिए वे शम्स तबरेज के विरुद्ध हो गए और एकांतवास करने लगे। इसी समय उन्होंने अपने प्रिय शिष्य मौलाना हसामुद्दीन चिश्ती के आग्रह पर मसनबी की रचना शुरू की। कुछ दिन बाद

वह बीमार हो गए और फिर स्वस्थ नहीं हो सके। 17 दिसंबर 1273 (672 हिजरी) में 66 वर्ष की आयु में कोन्या रूमी सल्तनत में उनका देहांत हो गया। उनकी मजार कौनिया में बनी हुई है।

मौलाना मोहम्मद जलालुद्दीन रूमी फारसी साहित्य के महत्वपूर्ण लेखक के साथ ही सूफी संत थे। जिन्हें दुनिया ने पागल समझा। रूमी की कविताओं में प्रेम और ईश्वर भक्ति का सुंदर सम्मिश्रण है। इनको प्रेम और खुदा के बारे में लिखने के लिए जाना जाता है।

हमारी धारणा

रूमी के जीवन के बारे में बहुत अधिक जानकारी पुख्ता रूप में भले ही ना मिलती हो लेकिन उनके विचार और सोच बहुत ही गहन और सार्वभौमिक है।

रूमी के अनुसार सही और गलत कुछ भी नहीं होता। यह मनुष्य के तुलनात्मक विचार मात्र हैं। मनुष्य का मस्तिष्क ऐसे ही कार्य करता है। अमीर कौन? जिससे तुलना की जा रही है उससे अधिक संपत्ति उसके पास है। लंबा कौन? जिससे तुलना की जा रही उससे थोड़ी अधिक ऊंचाई है उसकी। अच्छा क्या? जो आपको ज्यादा पसंद आता है दूसरे की तुलना में। आदि। रूमी कहते हैं इसके परे भी एक दुनिया है, जहां सब एक है।

जैसे नदी का आधार पानी है, चाहे वह लहर के रूप में है; बुलबुले के रूप में हो अंततः है तो पानी ही। इसी तरह पूरे ब्रह्मांड का आधार भी एक ऊर्जा है। ऐसे ही मनुष्य भले ऊपर से अलग रूप, रंग, ढंग के दिखते हैं। लेकिन है तो सभी एक बड़े ऊर्जा स्रोत का अंश। अंततः है तो ऊर्जा ही।

ऊर्जा के उन्मुक्त प्रवाहित होने के लिए (जिसे मोक्ष भी कहा जाता है।), प्रेम आवश्यक है। दो जालों (शरीर और विचार) में फंस कर हम मुक्त नहीं हो सकते। बल्कि हम बंधन को और जटिल करते जाते हैं। बुलबुला, लहर और पानी के बीच के अंतर को समाप्त करके ही हम मुक्त हो सकते हैं। और उसके लिए 'मैं' (अहम) को छोड़ना अनिवार्य है। मैं ही ब्रह्मांड हूं। ब्रह्मांड ही मैं हूं। (अहम् ब्रह्मास्मि) 'मैं' से मुक्त होना है। मैं को मुक्त नहीं करना है।

हम भौतिक स्तर पर अच्छा-बुरा, सुंदर-कुरूप, अमीर-गरीब, शहरी-ग्रामीण, स्त्री-पुरुष आदि पर फंसे हैं। सफल है, तब भी फंसे हैं असफल है तब भी फंसे हैं। क्योंकि मानव मस्तिष्क नकारात्मक विचार को पहले पकड़ता है। और इसे सकारात्मक मोड़ देने के लिए अभ्यास जरूरी है। यहीं है शांति। यही है आनंद। यही है मोक्ष। यही है निर्वाण।

सही मायनो में केवल वही मुक्त हो सकता है जो प्यार को महसूस करता हो, प्रेममय ह। जो पानी है वही मुक्त है। जो विचारों के उपद्रव से मुक्त हो गया वहीं तट छोड़कर बहा है और निर्बाध समुंदर तक पहुंचकर विशाल बना है।

आप उड़ने के लिए पैदा हुए हैं रेंगना क्यों चाहते हो? आज ही प्रण करो और उड़ान करो? उड़ान भरते हुए बादल तूफान आएंगे लेकिन उनसे से घबराकर रुकना नहीं। क्योंकि जब दुनिया आपको आपके घुटनों पर धकेल देती है तो यह उत्तम स्थिति बन जाती है परम शक्ति का आवाहन करने के लिए। विजयी भव। यशस्वी भव।

कथन

1. तुम जिसे ढूंढ रहे हो वह तुम्हें ढूंढ रहा है। (प्रेम, निश्चल प्रेम)

2. केवल दिल से ही आप आकाश को छू सकते हैं।

3. जब आप अपनी आत्मा के साथ काम करते हैं तो आपको लगता है कि आपके अंदर खुशी की एक नदी बह रही है।

4. तुम्हारा काम प्यार को खोजना नहीं है, बल्कि उन बाधाओं को ढूंढना है, जो कि तुमने ही, अपने मन में, उसके विरोध में बना रखी है।

5. प्रेम अपने आप सभी भाषाओं के माध्यम से अपना रास्ता खोज ही लेगा।

6. अपने जीवन को बदलने के लिए आपको केवल एक व्यक्ति की आवश्यकता होती है, वह हैं आप खुद।

7. एक बार तुम्हारे भीतर का गुलाम गायब हो जाए तो तुम बादशाहो के बादशाह हो।

8. मैं प्यार को समझाने की खूब कोशिश करता हूं, लेकिन जब मैं प्यार के सामने होता हूं तो मैं अपनी व्याख्याओं से खुद ही शर्मिंदा हो जाता हूं, केवल प्यार ही प्यार और प्यार करने वालों के रहस्यों को समझा सकता है।

9. प्रेम के अलावा, सबकुछ बीत जाता है, स्वर्ग जाने का रास्ता आपके दिल से हो कर गुजरता है, वहां पहुंचने के लिए अपने प्रेम के पंखों को खोलो और उड़ जाओ।

10. हम सभी प्रेम से उत्पन्न हुए हैं, प्रेम ही सब की मां है।

11. आप उड़ने के लिए पैदा हुए, जीवन में रेंगना क्यों चाहते हो।

12. अपने शब्दों को ऊंचा करो आवाज को नहीं! यह बारिश है जो फूलों को बढ़ने देती है इसकी गर्जन नहीं

YOU ARE BORN TO LEAD
THE 8 RULES

Speak with Candor

Work is Worship

Elevate Your Life Style

Togetherness Twinkle

Adversity Breeds Opportunity

Silence is Great Strength

Health is Wealth

Inspiration Matters

Leadership Reminder

"No man will make a great leader who wants to do it all himself or to get all the credit for doing it."

- ANDREW CARNEGIE

ज्यों तिल में तेल है, त्यों चकमक में आग।

तेरा साईं तुझ में है, तू जाग सके तो जाग।।

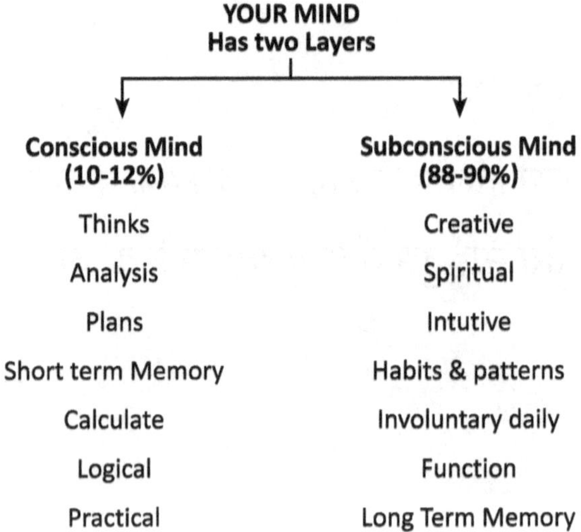

DID You Know ?
Everything in your life starts from your mind.

YOUR MIND
Has two Layers

Conscious Mind
(10-12%)

Thinks

Analysis

Plans

Short term Memory

Calculate

Logical

Practical

Subconscious Mind
(88-90%)

Creative

Spiritual

Intutive

Habits & patterns

Involuntary daily

Function

Long Term Memory

11

विचारशील दृष्टा

भारत के मध्य प्रदेश के रायसेन शहर के कुचवाड़ा गांव में 11 दिसंबर 1931 को दिगंबर जैन-बाबूलाल जैन एवं सरस्वती जैन के यहां एक बालक का जन्म हुआ। जिसका नाम चंद्रमोहन जैन रखा गया। चंद्रमोहन जैन(रजनीश) बचपन से ही गंभीर व सरल स्वभाव के थे, वे शासकीय आदर्श उच्चतर माध्यमिक विद्यालय में पढ़ा करते थे। विद्यार्थी काल में चंद्रमोहन बगावती सोच के व्यक्ति हुआ करते थे, जिसे परंपरागत तरीके नहीं भाते थे।

उनके अनुसार उनके विकास में उनकी ननिहाल का प्रमुख योगदान रहा, क्योंकि उनकी नानी ने उन्हें संपूर्ण स्वतंत्रता, उन्मुक्तता तथा रूढ़िवादी शिक्षाओं से दूर रखा। (7 वर्ष तक ननिहाल में रहे।)

वर्ष 1955 में जबलपुर विश्वविद्यालय से बी.ए. और 1957 में सौगर विश्वविद्यालय से दर्शनशास्त्र में एम.ए. करने के बाद 1957 में दर्शन शास्त्र के प्राध्यापक के तौर पर चंद्रमोहन जैन(रजनीश) रायपुर विश्वविद्यालय से जुड़े। लेकिन उनके गैर परपरागत धारणाओं और जीवन यापन करने के तरीके को छात्रों के नैतिक आचरण के लिए घातक समझते हुए विश्वविद्यालय के कुलपति ने उनका स्थानांतरण कर दिया। 1966 में वे दर्शनशास्त्र के प्राध्यापक के रूप में जबलपुर विश्वविद्यालय में शामिल हुए। नौ साल तक पढ़ाने के बाद, उन्होंने खुद को पूरी तरह से *मानवी चेतना में* समर्पित कर देने के लिए यूनिवर्सिटी में पढ़ाना छोड़ दिया। इसके बाद उन्होंने भारत में खुले मैदानों पर लोगों को भाषण देना शुरू किया। साल में 4 बार वे भारत के मुख्य शहरों में 10 दिन के ध्यान और व्यायाम शिविर का भी आयोजन करते थे।

रजनीश ने अपने विचारों का प्रचार करना मुंबई में शुरू किया। 1974 में पुणे में उन्होंने अपने आश्रम की स्थापना की, जहां विभिन्न प्रकार के ध्यान (Meditation) उपचार विधान किए जाते थे। इसे आज ओशो इंटरनेशनल मेडिटेशन रिसोर्ट के नाम से जानते हैं।

आचार्य रजनीश धार्मिक रूढ़िवादिता के कठोर आलोचक थे। भारत में एक सार्वजनिक वक्ता के रूप में यात्रा करते हुए समाजवाद, महात्मागांधी, हिंदू धार्मिक रूढ़िवाद और दर्शनशास्त्र पर व्याख्यान दिए। उन्होंने मानव कामुकता के प्रति एक ज्यादा खुले रवैया की वकालत की, जिसके कारण वे भारत तथा पश्चिमी देशों में भी आलोचना के पात्र रहे हालांकि बाद में उनका यह दृष्टिकोण अधिक स्वीकार्य हो गया।

अपने संपूर्ण जीवनकाल में आचार्य रजनीश को एक विवादास्पद, रहस्यदर्शी, गुरु और आध्यात्मिक शिक्षक के रूप में देखा गया। 1985 में एक खाद्य संबंधित दुर्घटना के बाद उन्हें संयुक्त संयुक्त राज्य से निर्वासित कर दिया गया और 21 अन्य देशों से ठुकराया जाने के बाद वह वापस भारत लौटे और पुणे के अपने आश्रम में अपने जीवन के अंतिम दिन बिताए।

ओशो की मृत्यु 19 जनवरी 1990 को 58 वर्ष की आयु में पुणे, भारत में आश्रम में हुई। ओशो की समाधि पर स्मृति लेख है *'न जन्मे, न मरे'*।

जैन धर्म में जन्मे चंद्रमोहन जैन, से आचार्य रजनीश ने 1989 में बुद्धिस्ट नाम OSHO (ओशो) अपनाया। ओशो शब्द की मूल उत्पत्ति के संबंध में कई धारणाएं हैं। एक मान्यता के अनुसार, खुद ओशो कहते हैं कि 'ओशो' शब्द कवि विलियम जेम्स की कविता 'ओशनिक एक्सपीरियंस' के शब्द ओशनिक से लिया गया है, जिसका अर्थ है 'सागर में विलीन हो जाना।, अर्थात ओशो मतलब - 'सागर से एक हो जाने का अनुभव करने वाला'। ओशो का अर्थ 'पृथ्वी की चमक' भी है।

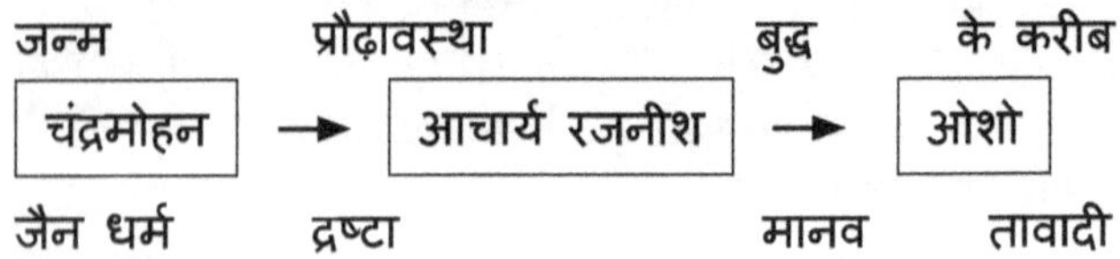

हमारी धारणा

चंद्रमोहन जैन से लेकर 'ओशो' तक का सफर जीवन दर्शन है। ओशो ने सामान्य परिवार में जन्म होने के बाद भी स्वयं को ऐसा तराशा कि आज यूरोप में ओशो नाम पर ओशो इंटरनेशनल ने ट्रेडमार्क ले रखा है। ननिहाल की स्वतंत्रता और उन्मुक्तता ने ओशो को बचपन से विचारशील बनाया। (सामान्यतया यह कहा जाता है की ननिहाल में बच्चे बिगड़ जाते हैं।)

ओशो एक प्रखर और दृढ़ दार्शनिक थे। उन्होंने बहुत ही अनछुए मुद्दों पर बहुत सरल, प्रायोगिक और गहन ज्ञान दिया है। 58 वर्ष के अल्प जीवन काल में वेद, गीता, बौद्ध, जैन, मीरा, सूरदास, गांधी, योग, तंत्र, सेक्सुअलिटी, संबंधों और राष्ट्रीय मुद्दों आदि पर विस्तृत दर्शन दिया है।

हम वर्तमान में कैसी भी समस्याओं में घिरे हो। हम कितने भी बड़े से बड़े लक्ष्य को क्यों ना साध रहे हो। हम शारीरिक, मानसिक और भावनात्मक कष्टों से निजात पाना चाहते हो। ओशो का दर्शन हर समस्या में समाधान देता है। उनका दर्शन इतना सरल और सहज है कि हम इसे चलते, नहाते, झाड़ू, पोछा करते, कपड़े धोते, लेटे, बैठे... कैसे भी करके हल खोज सकते हैं कि: मैं कौन हूं? मैं क्या हूं? मैं कैसा हूं? मैं कैसे और बेहतर हो सकता हूं? क्योंकि *मुद्दा यह नहीं कि मरने के बाद जीवन है या नहीं बल्कि मुद्दा यह है कि क्या आप मरने से पहले जिंदा भी हो?*

कथन

1. यहां कोई भी आपका सपना पूरा करने के लिए नहीं है हर कोई अपनी तकदीर और अपनी हकीकत बनाने में लगा है।

2. उस तरह मत चलिए जिस तरह डर आप को चलाएं। उस तरह चलिए जिस तरह प्रेम आपको चलाएं. उस तरह चलिए जिस तरह खुशी आपको चलाये।

3. कोई प्रबुद्ध कैसे बन सकता है? बन सकता है क्योंकि वह प्रबुद्ध होता है- उसे बस इस तथ्य को पहचानना होता है।

4. प्रेम तब खुश होता है जब वो कुछ दे पाता है। अहंकार तब खुश होता है जब वह कुछ ले पाता है।

5. जब आप अलग हैं तो पूरी दुनिया अलग है। यह दूसरी दुनिया बनाने का सवाल नहीं है। यह केवल एक अलग आप बनाने का सवाल है। अपनी यूनिकनेस का सम्मान करें। आपकी क्षमताएं और भावनाएं अनंत है।

6. अगर आप बिना प्रेम के काम करते हैं तो आप एक गुलाम की तरह काम कर रहे हैं। जब आप प्रेम के साथ काम करते हैं तब आप एक राजा की तरह काम करते हैं। आपका काम आपकी खुशी है, आपका काम आपका डांस है।

Quick Resets

Overthinking

Journal

12

हर पल उत्कट जिजीविषा

अमेरिका के टस्कम्बिया, अलबामा में 27 जून 1880 में हेलेन केलर का जन्म हुआ। इनके पिताजी अर्थर हेनले केलर ने कई साल तक समाचार पत्र के एडिटर के तौर पर काम किया था। उनकी माता कैथरीन एवरेट (ऐडम्स) केलर, जो कि 'कैट' के नाम से मशहूर थी, वो एक घरेलू कामकाजी गृहणी थी। जन्म के समय हेलन केलर एकदम स्वस्थ थी। 19 महीनों के बाद वो बीमार हो गई और उस बीमारी में उनकी नजर, जुबान और सुनने की शक्ति चली गई। जिसके कारण उनके भविष्य को लेकर उनके माता-पिता बहुत चिंतित थे। क्योंकि इन सभी समस्याओं से जूझते हुए हेलन जिद्दी और विद्रोही हो गई थी। तो वो एक ऐसे शिक्षक की तलाश कर रहे थे जो उनकी बेटी को संवार सके।

उन्हें आखिरकार एक दृष्टिहीन शिक्षक 'एनी सुलेविन' के रूप में मिली। दृष्टिहीन शिक्षक को लेकर उनकी मां चिंतित हो गई कि वे कैसे उनके चिड़चिड़ी और जिद्दी बेटी को पढ़ा पाएंगी। लेकिन एनी सोलविन ने ना सिर्फ एक शिक्षिका के तौर पर हेलेन केलर की मदद की, बल्कि उन्होंने हेलन के अंदर सीखने और काम करने के लिए पैदा की और उन्हें शिक्षित कर स्वाभिमान और आत्मविश्वास को जगाने में उनका साथ दिया। स्वयं दृष्टिहीन होने के कारण वह हेलन की पीड़ा को बेहद अच्छे से समझती थी।

इसके साथ ही हेलेन की टीचर सें ने उनके माता-पिता से हेलेन को लाचार, असहाय ना समझने के लिए कहा। ताकि वे एक सामान्य व्यक्ति की तरह हेलेन को आगे बढ़ने में मदद कर सके। इसके लिए उन्होंने हेलेन को उनके माता-पिता से उन्हें दूर ले जाने की भी इजाजत मांगी ताकि वे एकांत में हेलेन के अंदर सीखने-

समझने की अद्भुत शक्ति विकसित कर सकें। जिसके बाद हेलन के परिवार वालों ने उनकी टीचर की इस बात को मानते हुए अपनी बेटी को उनके साथ रहने की इजाजत दे दी।

हेलन की टीचर एनी ने सबसे पहले उन्हें मैनुअल अल्फाबेट एवं नई तकनीक की मदद से उन्हें अक्षर का ज्ञान दिया। वही हेलेन भी शुरू से ही विलक्षण प्रतिभा की बुद्धिमान छात्रा थी। इसलिए उन्होंने बेहद कम समय में ही अपनी टीचर से जर्मन, फ्रेंच, ग्रीक, अंग्रेजी, लैटिन समेत कई भाषाओं का ज्ञान अर्जित कर लिया। जैसे तैसे संघर्षों का दौर भी बीत गया और इस तरह से केलर ने राइट हमसन स्कूल फॉर डीफ से प्रारंभिक शिक्षा पूरी की। 1902 में स्नातक (बी.ए.) करने के लिए हेलेन केलर ने रेडक्लिफ कॉलेज में दाखिला लिया। *वहां वह सामान्य छात्रों के साथ पढ़ने लगी और वह स्नातक करने वाली दुनिया की पहली ऐसी महिला बन गई।*

स्नातक के साथ ही हेलेन केलर को लिखने का शौक जागा और वो लिखने लगे । उन्होंने अपनी पुस्तक *'द स्टोरी ऑफ माय लाइफ'* में अपने संघर्षमय जीवन के बारे में भी बताया ताकि लोग उनसे प्रेरणा लेकर अपने जीवन लक्ष्य को पाने में सफलता हासिल कर सके और अपनी शारीरिक अपंगता को अपनी कमजोरी नहीं बल्कि अपनी शक्ति बनाएं। अपने जीवन के लक्ष्य तक पहुंचने के लिए कड़ी मेहनत, सच्ची लगन, ईमानदारी, साहस और अटूट दृढ़ संकल्प की जरूरत होती है।

हेलेन केलर ने मूक बधिर बच्चों की मदद के लिए मिल्टन अंध सोसाइटी स्थापित कर ब्रेल लिपि में उपयोगी साहित्य प्रकाशित करवाया। यही नहीं हेलेन केलर ने शारीरिक रूप से अपंग बच्चों के लिए करोड़ों रुपए इकट्ठे कर कई अनाथालय एवं संस्थानों का निर्माण करवाया एवं ऐसे बच्चों की सेहत के लिए खुद को पूरी तरह समर्पित कर दिया।

समाजवादी नाम के दल में एक सदस्य के रूप में उन्होंने महिलाओं और मजदूरों के हक के लिए अपनी आवाज बुलंद की। इसके साथ ही कट्टरपंथी शक्तियों के खिलाफ अभियान चलाया था। इसके अलावा उन्होंने समाज के लिए कई परोपकार के काम

किए और लोगों के अंदर जीवन के प्रति सकारात्मक दृष्टिकोण विकसित किया।

साहसी और निडर स्वभाव के हेलेन केलर ने अपने महान विचारों और जिंदगी के अनुभवों से ब्रेल लिपि में 9 किताबें लिखें। उनके द्वारा लिखी गई किताबें दुनिया भर में काफी पसंद की गईं। उनकी आत्मकथा *"मेरी जीवन कहानी"* को 50 से ज्यादा भाषाओं में प्रकाशित किया जा चुका है।

हेलेन केलर प्राकृतिक सुंदरता को अपनी आंखों से भले ही नहीं देख नहीं सकती थी, लेकिन उन्होंने लहरों पर थिरकती चांदनी, पहाड़ों से झाड़ती बर्फ, सुंदर वादियों, लहलहाते बाग एवं वसंत के खिले फूलों का अपनी भाषा की आंखों से बेहद अद्भुत एहसास किया था और बेहद शानदार ढंग से इसका उल्लेख अपनी पुस्तकों में भी किया है।

1 जून 1968 को हार्ट अटैक की वजह से 87 वर्ष की उम्र में वह इस दुनिया से चल बसे।

हमारी धारणा

जीवन अनिश्चितता और संभावनाओं से भरा, खूबसूरत है। ये उतना ही चमकदार बनाता है जितना हम बनाते हैं। और जीवन निर्माण के लिए बड़ी सोच और विवेक अनिवार्य है।

किसे पता था कि एकदम स्वस्थ जन्मे हेलेन केलर 19 माह बाद दृष्टिहीन एवं बधिर हो जाएंगे। लेकिन फिर भी उनकी माता की उम्मीद और विश्वास रंग लाया। और इसी विश्वास और उम्मीद ने एन सुल्विन नाम की शिक्षक को प्रकट किया।

एन सुल्विन ने हेलन केलर के जीवन को खूबसूरत दिशा दी। एन और हेलन के लिए सबसे बड़ी चुनौती थी शब्दों का मूर्त वस्तुओं से संबंध को समझाना। क्योंकि वे सुन और देख नहीं सकती थी। यह कैसे समझाया जाए कि यह जो हाथ से गिर रहा है उसे पानी कहते हैं? तब हेलन की मां पूछती थी कि आप यह कैसे करेंगी? तब एन कहती थी, "जैसे एक पक्षी के जीवन में एक क्षण आता है, वो उड़ जाता है। वैसे ही हेलन के जीवन में भी ये

क्षण जरूर आएगा। लेकिन ये निश्चित नहीं किया जा सकता कि वो कब आएगा। हमारे (श्वेता एवं आशीष) साथ भी ऐसा ही हुआ है, तभी हम विश्वास के साथ आपसे कह पा रहे हैं।

हेलेन ने पहला शब्द 'वाटर' बोला था फिर कभी पीछे मुड़कर नहीं देखा। आगे ही बढ़ती रही क्योंकि उन्होंने सब सीख लिया था कि *कैसे सीखा जाता है।* जब हम यह सीख लेते हैं तब हम हेलेन की भांति तट तोड़कर बहते हैं, एक अथाह गहरे विस्तृत, शांत और समृद्ध समुद्र की ओर। हम प्रकृति के साथ एक हो जाते हैं।

हेलन और एन की कहानी केवल एक छात्र और शिक्षक के कहानी नहीं है बल्कि एक ऐसे प्रशिक्षक की कहानी है जो आपके जीवन को अनंत संभावनाओं से भर दे। एक ऐसी दो साथी की कहानी है जिनकी अलग-अलग क्षमताएं एक साथ मिलकर व्यक्तिगत और सामाजिक रुप से चमत्कार कर सकते हैं। इसलिए एक सच्चे साथी के रूप में जीवंत रहिए और बनाइए। हम और आप का भी यही रास्ता है। जैसे हेलेन केलर ने अंधे, बच्चों, महिलाओं और मजदूरों के हित में किया।

जब हम आंखें होते हुए भी कुछ नहीं देख पाते तो इससे कष्टदायक और क्रूर कुछ नहीं होता। एन (दृष्टिहीन) ने हेलेन में वो देख लिया जो कोई अन्य नहीं देख पा रहा था। हमें स्वयं अपने अंदर झांक कर देखना होगा क्या है हमारे दिल गाना, जिसे सुनने के लिए ब्रह्मांड प्रतीक्षा कर रहा है। दुनिया के शोर में अपने विचारों को खोने मत दीजिए। अपनी जिंदगी को दूसरे की तरह लेकर व्यर्थ ना करें। आप/हम नेतृत्व करने के लिए पैदा हुए हैं।

हेलन केलर की दो इंद्रियां काम नहीं कर रही थी तो उन्होंने तीसरे (स्पर्श एवं त्वचा) पर काम किया। हमें सीखना होगा। सीखना ही परिवर्तन का आधार है। केवल बदलाव ही नहीं बदलता बाकी सब बदल जाता है। जब एक दरवाजा बंद होता है, तो दूसरा खुल जाता है। लेकिन मनुष्य अक्सर बंद दरवाजे पर बहुत अफसोस के साथ देखते हैं। देखिए, निगाहें फैलाइए कई दरवाजे खुले हैं, कई खुलने वाले हैं। डटे रहिए। दुखड़ा मत रोइए।

दुनिया की आंख में आंख मिला कर बात करने का दम होना चाहिए। (यह बात वो कह रही है जो देख नहीं सकती थी)

सर झुका कर मत जियो
सर उठा कर जिओ।

कथन

1. दुनिया की सबसे खूबसूरत एवं सुंदर चीजें ना कभी देखी जा सकती हैं और ना ही छुई जा सकती हैं। वो तो सिर्फ और सिर्फ दिल से महसूस की जा सकती हैं।

2. जो हग एक बार आनंद लेते हैं और गहरा प्यार करते हैं तो हम उसे कभी नहीं खो सकते हैं, क्योंकि हम जो गहराई से प्यार करते हैं वह हमारा एक हिस्सा बन जाता है।

3. दुनिया में सबसे दयनीय व्यक्ति वह है जिसकी दृष्टि तो है लेकिन कोई लक्ष्य नहीं है।

4. आशावाद वह विश्वास है जिससे हमें सफलता मिलती है। उम्मीद और आत्मविश्वास के बिना कुछ भी नहीं किया जा सकता है।

5. अपना चेहरा सूर्य की ओर रखेंगे तो आप छाया कभी नहीं देखेंगे।

6. कोई भी प्रयास जो हम कुछ अच्छा प्राप्त करने के लिए करते हैं, वह कभी भी खोता नहीं है।

7. उजाले में अकेले चलने के बजाय मैं अंधेरे में एक दोस्त के साथ चलना चाहूंगी।

8. विश्वास वो ताकत है जिससे बिखरी हुई दुनिया में रोशनी लाई जा सकती है।

9. आज की विफलताओं के बारे में मत सोचो, बल्कि उस सफलता के बारे में सोचो जो कल आ सकती है।

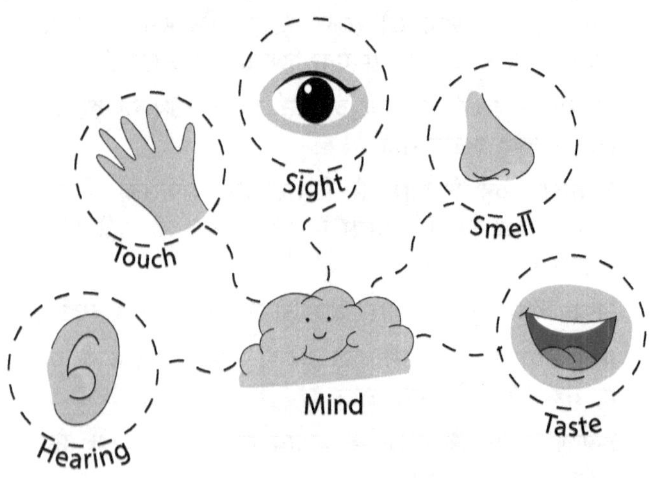

Process of Preception Formation

13

मृत्यु, सच और विश्वास से छोटी है

सुकरात का जन्म आज से लगभग 2500 साल पहले, 469 ईसा पूर्व, एथेंस (यूनान) में हुआ था। उनके पिता सेफरोनिकस, एक मूर्तिकार थे। उनकी माता का नाम फरनेट था। घर में भोजन के लिए भी लाले थे। तब अच्छे कपड़ों और पढ़ने लिखने का सवाल ही नहीं था। परंतु सुकरात को बचपन में सीखने के और बहुत कुछ जानने की ललक थी।

संयोग की बात क्रोटो नामक एक धनी व्यक्ति ने बालक सुकरात के इस गुण को परख लिया। उसने सुकरात की शिक्षा के समुचित व्यवस्था की। कुछ संयोग ऐसे होते हैं जो व्यक्ति की जीवनधारा को प्रसिद्धि के मार्ग की ओर मोड़ देते हैं।

सुकरात का विवाह एन्थिपे से हुआ था। एन्थिपे स्वभाव से बेहद क्रोधित थी, जो कभी भी सुकरात से संतुष्ट नहीं होती थी। उन्होंने तीन पुत्रों (लैंप्रोल्स, सॉफ़ोनिरास और मेनेक्सेनस) को जन्म दिया। सुकरात से उनके एक शिष्य ने विवाह पर राय पूछते हुए प्रश्न किया, कि क्या मुझे विवाह करना चाहिए? अपने उत्तर में सुकरात कहते हैं, *"हर व्यक्ति को विवाह करना चाहिए अगर अच्छी पत्नी मिलती है तो।"*

सुकरात को मौलिक शिक्षा और आचार द्वारा उदाहरण देना ही पसंद था। साधारण शिक्षा तथा मानव सदाचार पर वह जोर देता था और उन्हीं की तरह पुरानी रूढ़ियों पर प्रहार करता था। वह कहता था, सच्चा ज्ञान संभव है बशर्ते उसके लिए ठीक तौर पर प्रयत्न किया जाए, जो बातें हमारी समझ में आती हैं या हमारे सामने आती हैं, उन्हें ततसंबंधी घटनाओं पर परखें। इस तरह अनेक परखो के बाद हम एक सच्चाई पर पहुंच सकते हैं। ज्ञान के समान पवित्रतम कोई वस्तु नहीं है।

हम सुकरात के बारे में केवल दार्शनिक प्लेटो और इतिहासकार जेनोफन, जो उनके शिष्य थे; एथेनियन हास्य नाटककार अरिस्टोफैंस के माध्यम से जानते हैं। प्लेटों के संवाद द्वारा सुकरात के तर्कबाद और नैतिकता के सुकरात के दृष्टिकोण का प्रदर्शन होता है। सुकरात अपनी पूर्ण अज्ञानता की घोषणा के लिए जाने जाते हैं। वह कहते थे कि केवल एक चीज जिसे वह जानते थे वह यह थी उनकी अज्ञानता का बोध दर्शनशास्त्र का पहला कदम है।

सुकरात का बात करने का ढंग भी अनोखा था। वह एक ऊंची जगह खड़ा हो जाता और अपने आसपास खड़े लोगों से किसी विषय को लेकर प्रश्न करता। बात आगे बढ़ती इस प्रकार सवाल-जवाब का एक सिलसिला शुरू हो जाता। वह कहता था किसी बात को इसलिए स्वीकार मत कर लो कि वह किसी बड़े आदमी ने कही है। तुम स्वयं उसके बारे में गहराई से सोच कर उसके गुण अवगुण की परख करो। सच्चा धर्म है अपनी बुद्धि से काम लेना और अपने प्रति, अपने परिवार के प्रति, समाज और देश के प्रति कर्तव्य का पालन करना।

सुकरात की बातचीत के विषय थे ईश्वर, सृष्टि, धर्म, राज्य, प्रशासन, राजधर्म, प्रजाधर्म आदि। साधारणतया लोग भी इन विषयों पर बात भी करते कतराते हैं क्योंकि इन विषयों पर निश्चित रूप से कहना कठिन है। सुकरात उनसे कहता ईश्वर एक है ईश्वर के स्थान पर नाना प्रकार के देवी देवताओं को पूजना नासमझी है। इससे बुद्धि भ्रमित होती है।

सुकरात संतोषी इतना था कि एक विदेशी राजा ने उसे लालच देकर अपने दरबार में बुलाना चाहा पर उसने विनम्रता पूर्वक हैं कहकर इंकार कर दिया कि मैं आपकी कृपा से ऋण का भार उठा नहीं सकता, मैं अपने देश में ही सुखी हूं।

एथेनियन समाज में सुकरात एक विवादित व्यक्ति थे इतना अधिक की, हास्य नाटककारों के नाटकों में उनका अक्सर मजाक उड़ाया जाता था। 399 ईसा पूर्व में उन पर तरुणो को बिगाड़ने, देव निंदा और नास्तिक होने का झूठा दोष लगाया गया था और उसके लिए उसे जहर देकर मारने का दंड दिया मिला था। सुकरात ने जहर का प्याला खुशी-खुशी पिया और जाने दे दी। उसे कारागार से भाग जाने का आग्रह उसके शिष्यों तथा स्नेहियों ने किया किंतु उसने कहा -

"भाइयों, तुम्हारे इस प्रस्ताव का मैं आदर करता हूं कि मैं यहां से भाग जाऊं। प्रत्येक व्यक्ति को जीवन और प्राण के प्रति मोह होता है। भला प्राण देना कौन चाहता है? ये उन साधारण लोगों के लिए है जो लोग इस नश्वर शरीर को ही सबकुछ मानते हैं। क्यूंकि आत्मा अमर है इस नश्वर शरीर से क्या डरना? हमारे शरीर में जो निवास करता है क्या उसका कोई कुछ बिगाड़ सकता है? आत्मा ऐसे शरीर को बार-बार धारण करती है अतः इसकी शरीर की रक्षा के लिए भागना उचित नहीं है। क्या मैंने कोई अपराध किया है? जिन लोगों ने इसे अपराध बताया है उनकी बुद्धि पर अज्ञान का प्रकोप है। मैंने उस समय कहा था विश्वकवि भी एक सिद्धांत की परिधि में नहीं बांधा जा सकता। मानव मस्तिष्क की अपनी सीमाएं हैं। विश्व को जानने और समझने के लिए अपने अंतस के तम को हटा देना चाहिए।

मनुष्य नश्वर काया मात्र नहीं, वह सजग और चेतन आत्मा में निवास करता है। इसलिए हमें आत्मा अनुसंधान की ओर से मुख्य रूप से प्रवृत्त होना चाहिए। यह आवश्यक है कि हम अपने जीवन में सत्य, न्याय और ईमानदारी का अबलम्बन करें। हमें यह बात मान कर ही आगे बढ़ना है कि शरीर नश्वर है। अच्छा है, नश्वर शरीर अपनी सीमा समाप्त कर चुका है। टहलते टहलते थक चुका है। अब संसार रूपी रात्रि में लेट कर आराम कर रहा हूं। सोने के बाद मेरे ऊपर चादर ओढ़ा देना।"

अंततः ज्यूरी ने सुनवाई के साथ ही मतदान कराया, सुकरात को 221 मतों के विरुद्ध 280 मत से राजद्रोही ठहराया गया और जहर के प्याले को पीने की सजा हुई। इस तरह 399 ईसा पूर्व एक विचारक की 71 वर्ष की आयु में जीवन यात्रा पर पूर्ण विराम लग गया। लेकिन उनके विचार यूं ही समय के अंत तक प्रवाहित होकर प्रेरित करते रहेंगे।

हमारी धारणा

सुकरात का पूरा जीवन आत्मा ज्ञान और आत्म अनुसंधान पर केंद्रित है। आत्मअनुसंधान का प्रारंभ इस समझ से होता है "आप अज्ञानी है।" क्योंकि आप जो जानते हैं वह संपूर्ण नहीं है और संपूर्ण ज्ञान को आप अपने सीमित इंद्रियों से कर नहीं सकते।

वास्तव में जब हम यह कहते हैं कि हम जानते हैं वो वास्तव में हमारी धारणाएं और पूर्वाग्रह होते हैं। जो बने होते हैं हमारी पुरानी पीढ़ियों के अनुभवों और विचारों से उधार लेकर। यह केवल तथ्यों का संग्रह मात्र है। जैसे नई किताब में पुराने पीले पड़ चुके पन्ने लगाए जा रहे हो। जिसका बोझ तो बढ़ रहा है लेकिन ज्ञान नहीं। (शास्त्रों में इसे अविद्या कहा गया है)

दूसरे तरीके का ज्ञान होता है आत्मज्ञान। जहाँ आप खुद से पूर्वाग्रहों और धारणाओं के बारे में प्रश्न करते हैं। आप सुकरात के जैसे अवलोकन, चिंतन करते हुए विवेकपूर्ण ढंग से स्वयं के अंदर उतरते हैं। नदी के तट पर पड़े हुए सड़े फूल मालाओं और पाखंड में लीन श्वेत बगलों से तर्क करते हैं। और समय के साथ परिवर्तनशीलता के साथ प्रवाहित होते हैं। जब आप अपने तट को छोड़ेंगे तभी बह पाएंगे, विशाल शांत समुंदर की दिशा में।

हम अपनी पांच ज्ञानेंद्रियों और पांच कर्मेंद्रियों से जो अनुभव करते हैं। वही ज्ञान बनता है और इसी ज्ञान को बिना विवेक के स्वीकार करना हमारी धारणाएं बनाती हैं। इन्हें इंद्रियों को यंत्र (Instrument) कहते हैं। और इन यंत्रों की सीमाएं भी मानव निर्मित यंत्र जैसे सीमित (सामान्यतया) है। इसीलिए आप जो ज्ञान रखते हैं वह पूर्ण नहीं है। उदाहरण के लिए आप नग्न आंखों से केवल वस्तुएं देखते हैं, माइक्रोस्कोप से सूक्ष्म जीव, एलेक्ट्रोस्कोप से एटम के अंदर के संरचना भी। और इससे भी अधिक शक्तिशाली यंत्र से और भी छोटी संरचना देख सकते हैं। इसी प्रकार मानव ज्ञान को भी आत्मज्ञान की ओर अग्रसर होने के लिए और अंदर जाने की आवश्यकता होती है। इसके लिए *आवश्यकता होती है विवेकशील चिंतन की।* और सबसे अच्छी खबर यह है कि यह कोई भी कर सकता है: अमीर-गरीब, छोटा-बड़ा, स्त्री-पुरुष, शहरी-ग्रामीण आदि। चिंतन की स्वतंत्रता सभी को है।

अगर आप केवल जीवन यापन करना चाहते हैं तो कोई बात नहीं, लेकिन यदि आप जीवंतता से जीने की चाह रखते हैं तो सुकरात की तरह अपने इंद्रियों से ऊपर उठ जाइए। तट छोड़ कर बह जाइए। क्योंकि मृत्यु शैय्या पर इससे कुछ फर्क नहीं पड़ता कि आपने क्या इकट्ठा किया, पुरानी पीढ़ियों से विरासत में क्या पाया?

वास्तविक प्रश्न यह है कि इस यात्रा में आप क्या बने और आप क्या छोड़ कर जाते हैं?

दुनिया के सारे युद्ध (आंतरिक या बाहरी) हमारे जानने और मानने की सीमित सीमा के कारण ही तो हैं प्रोग्राम यदि आप अपने मस्तिष्क के और बाहरी दुनिया के महाभारत से बाहर निकलकर खुशहाल, पूर्ण और शांति प्रदान जीना चाहते हैं तो स्वयं ही अपने पूर्वाग्रहों और ओढ़ी धारणाओं को चुनौती दीजिए। हम ऐसा नहीं करते इसीलिए कोई दूसरा चुनौती देता है तो हम लड़ जाते हैं। क्योंकि हमारा Ego हर्ट होता है। हम स्वयं को सही और दूसरों को गलत साबित करके आत्ममुग्ध होते रहते हैं। बल्कि दोनों ही अपूर्ण हैं। *ना कुछ सही ना कुछ गलत बल्कि इन दोनों का सम्मिलित रूप ही जीवन है।*

अधिकतर लोग अपने पूर्वाग्रहों और धारणाओं में ही जीते और मरते हैं। ऐसे लोग अज्ञानी हैं, डरपोक हैं, विवेकहीन है। क्योंकि जो खुद से ही डर कर सवाल नहीं कर सकता उसे दुनिया को सही/गलत की डिग्री देने का कोई अधिकार नहीं। इसीलिए सुकरात खुशी से जहर पीकर भी अमर हो जाता है और जहर देने वाले लोग अपने ही डर से घुट घुट के जीते हैं, पल-पल मरते हैं।

पुरानी सोच की लकीर को काटना नहीं होता बल्कि आई सोच की ज्यादा बड़ी लकीर खींचने होती है। अब यह सिद्ध हो चुका है कि यह एक रासायनिक प्रक्रिया है। इसे अभ्यास से किया जा सकता है। आप स्पष्टता, दूरदृष्टि और समग्रता से सोचेंगे अपने जीवन के बारे में तभी तट छोड़कर बह पाएंगे।

कथन

1. वैसा जीवन जिसमें परीक्षा ना ली गई हो, जीने योग्य नहीं है।

2. मैं किसी को कुछ भी नहीं पढ़ा सकता मैं केवल उन्हें सोचने पर मजबूर कर सकता हूं।

3. हर एक व्यक्ति के प्रति दयालु बने क्योंकि हर व्यक्ति एक कठिन लड़ाई लड़ रहा है।

4. मित्रता करने में धीमे रहे लेकिन एक बार जब मित्रता हो जाए तो दृढ़ और सतत बने रहे।

5. कभी-कभी आप दीवारें दूसरों को दूर रखने के लिए खड़ी नहीं करते बल्कि इसलिए खड़ी करते हैं कि आप यह देखना चाहते हैं कि इन्हें कौन तोड़ने की कोशिश करता है।

6. आपको समय का सदुपयोग करके किताबें जरूर पढ़नी चाहिए क्योंकि किताबों में ज्ञान के अलावा लोगों के जीवन का अनुभव भी होता है जो बहुत ही अमूल्य है।

7. व्यक्ति को हमेशा सच्चाई के साथ जीना चाहिए और सच्चाई का ही साथ देना चाहिए।

8. जिस व्यक्ति को अपने अवगुण पता है और दूसरों के सद्गुण भी पता है वह आदमी जीवन में बहुत सफल आदमी बनता है।

9. ज्यादातर अज्ञानी लोग ही परिवर्तन के विरोध में होते हैं।

10. व्यक्ति को पैसे से अच्छे गुण नहीं प्राप्त होते हैं, पर अच्छे गुंडे की वजह से वह अमीर जरूर बन जाता है।

धीरे-धीरे रे मना, धीरे सब कुछ होय।
माली सींचे सौ घड़ा, ऋतु आए फल होय।।

14

पर्वत के सोए प्राण जगाए

दशरथ मांझी का जन्म एक बेहद पिछड़े इलाके गहलोर, बिहार में 14 जनवरी 1929 को हुआ था। तब देश गुलाम था पूरे देश के साथ इस गांव के भी बदतर हालात थे। 1947 में देश तो आजाद हो गया, लेकिन धनिकों की गिरफ्त में चला गया। हर तरफ अमीर लोग, अनपढ़, गरीब लोगों को हक से परेशान करते थे। दशरथ का परिवार बहुत गरीब था, एक वक्त की रोटी के लिए भी बड़ी मुश्किल थी। आजादी मिलने के बाद भी गहलोर गांव में ना बिजली थी, ना पानी और ना ही पक्की सड़क।

दशरथ के पिता ने गांव के जमींदार से पैसे लिए थे, जिसे वह लौटा नहीं पाए थे। बदले में वह अपने बेटे को उस जमींदार का बंधुआ मजदूर बनने को बोलता है। किसी की गुलामी दशरथ को पसंद नहीं थी, इसीलिए वह गांव छोड़ कर भाग जाता था। 7 साल तक वहां रहने के बाद उसे अपने परिवार की याद सताने लगती है और फिर वह गांव लौट आता है। 1955 के लगभग जब गांव लौटता है तब भी वहां कुछ नहीं बदलता है। वहां अभी भी गरीबी, जगीदारी होती है। ना बिजली, ना सड़क जैसी सुविधा पहुंच पाती है। वह अपने पिता के साथ रहने लगता है।

दशरथ का बाल विवाह हुआ था। मगर अब लड़की का पिता उसकी बचपन की शादी को नहीं मानता है क्योंकि उराबे हिसाब से दशरथ कुछ काम धाम नहीं करता है। अपने प्यार की खातिर वह 'फगुनिया' को भगा ले आता है दोनों एक अच्छे पति पत्नी के रूप में रहने लगते हैं। दशरथ को एक बेटा भी होता है।

1960 में दशरथ की पत्नी एक बार फिर गर्भवती होती है। और वह पहाड़ के दूसरे छोर पर लकड़ी काट रहा होता है और फगुनिया दशरथ के लिए खाना ले जाते समय दर्रे में गिर गई। दशरथ के

गांव में कोई अस्पताल ना होने के कारण वह बड़ी मुश्किल से पहाड़ चढ़के उसे शहर ले जाता है। जहां एक बेटी को जन्म देती है लेकिन खुद मर जाती है। दशरथ इस बात से बहुत आहत होता है और फगुनिया से वादा करता है कि वह इस पहाड़ (गेहलौट) को तोड़कर रास्ता जरूर बनाएगा।

1960 से 360 फुट लंबे (110 मीटर), 25 फुट गहरे (7.6 मीटर), 30 फुट चौड़ा (9.1 मीटर) पहाड़ को काट रास्ता बनाने का दशरथ का प्रण अब एक हथौड़ी के सहारे था। उन्होंने बताया *"जब मैंने पहाड़ी तोड़ना शुरू किया तो लोगों ने मुझे पागल कहा लेकिन उसने मेरे निश्चय को और मजबूत किया।"* सब उसे पागल सनकी कहते थे (प्रत्येक विजेता को प्रारंभ में यह टॉनिक मिलती है सोसाइटी से) वह किसी की ना सुनता इसी वजह से सब उसे पहाड़ तोड़ू कहते थे।

दशरथ के पिता उसे बहुत समझाते थे कि ऐसा करने से उसके बच्चों का पेट कैसे भरेगा, लेकिन वह नहीं सुनाता था। किसी तरह कुछ पैसे कमा कर, बच्चों का पेट भी भर देता था। ऐसा करते-करते कई साल बीत गए, गांव में सूखा पड़ जाता है, सब गांव छोड़कर जाने लगते हैं, लेकिन दशरथ नहीं जाता, वह अपने पिता और बच्चों को भेज देता है।

इस सूखे की मार में दशरथ को गंदा पानी व पत्तियां खाकर गुजारा करना पड़ता है। समय के साथ सूखे के दिन बीत जाते हैं और सब गांव लौट आते हैं। अब भी दशरथ को पहाड़ तोड़ता देख आश्चर्यचकित हो जाते हैं।

उन्होंने अपने काम को 22 वर्षों में (1960-1982) में पूरा किया। इस सड़क ने गया के अत्रि और वजीरगंज सेक्टर्स की दूरी को 75 किलोमीटर से 7 किलोमीटर कर दिया। मांझी के प्रयास में गहलोर के लोगों का जीवन सरल बना दिया।

हालांकि उन्होंने एक सुरक्षित पहाड़ को काटा, जो भारतीय वन्य जीव सुरक्षा अधिनियम के अनुसार दंडनीय है और उन्होंने इस पहाड़ के पत्थर भी बेचे फिर भी इनका यह प्रयास सराहनीय है। *"क्योंकि कोई भी नियम, कानून मानवता से बड़ा नहीं होता"* - जैसा कि गांधी जी ने कहा है। बाद में मांझी ने कहा,"पहले पहले

गांव वालों ने मुझ पर ताने कसे लेकिन उनमें से कुछ ने मुझे खाना देकर और औजार खरीदने में मेरी मदद कर सहायता भी की।"

1975 में इमरजेंसी के दौरान अपनी एक रैली में इंदिरा गांधी बिहार पहुंचती हैं। जहां दशरथ भी जाता है। भाषण के दौरान स्टेज टूट जाता है जिसे दशरथ और कुछ लोग मिलकर संभाल लेते हैं। जिससे इंदिरा गांधी अपना भाषण पूरा कर पाती हैं। इसके बाद दशरथ उनके साथ एक फोटो खिंचवाता है। जब यह बात वहां के जमींदार को पता चलती है, तो वो उसे अपनी मीठी बातों में फंसाता है कि वह उसकी गदद करेगा सरकार से सड़क के लिए पैसे मांगने में, अनपढ़ दशरथ उसकी बातों में आकर अंगूठा लगा देता है। लेकिन जब दशरथ को इस बात का पता चलता है कि जमींदार ने उसे 25 लाख का चूना लगाया है तो उसकी शिकायत प्रधानमंत्री से करने की ठानता है।

दशरथ के पास 20 रुपये भी नहीं होते हैं ट्रेन के, जिस वजह से टीटी उसे ट्रेन से उतार देता है। लेकिन यह बात दशरथ को रोक नहीं पाती और वह पैदल ही निकल पड़ता है। दिल्ली में उस समय इमरजेंसी के चलते बहुत दंगे हो रहे होते हैं, दशरथ जब पुलिस को अपनी इंदिरा गांधी के साथ फोटो दिखाता है तब उसे फाड़कर भी उसे भगा देते हैं और प्रधानमंत्री से मिलने नहीं देते हैं।

थक हार कर दशरथ अपने घर लौट जाता है उसकी सारी उम्मीद टूट चुकी होती है। वो अब काफी बूढ़ा भी हो गया होता है, उसकी हिम्मत जवाब देने लगती है। लेकिन कुछ लोग दशरथ का साथ देने के लिए आगे आते हैं और पहाड़ तोड़ने में गदद करते हैं। यह बात जब जमींदार को पता चलती है तो उन सब को मार डालने की धमकी देता है और कुछ को गिरफ्तार करा देता है। लेकिन एक पत्रकार दशरथ के लिए मसीहा बनकर आता है, और वह उसके लिए खड़ा होता है। वह सभी गांव वालों के साथ मिलकर दशरथ के लिए पुलिस स्टेशन के सामने विरोध करता है। दशरथ को छोड़ दिया जाता है।

1982 में दशरथ का प्यार और कड़ी मेहनत रंग लाती है और पहाड़ टूट कर रास्ता बन जाता है। 22 साल की कड़ी मेहनत से एक साधारण से मजदूर का असंभव सा दिखने वाला सपना पूरा हो जाता है। 75 किलोमीटर लंबी दूरी 7 किलोमीटर रह जाती है

एक का सपना सभी का जीवन सरल बना देता है। कहा जाता है "अकेला चना भाड फोड़ नहीं सकता लेकिन कई बार अकेले चने ने ऐसा भाड फोड़ा है कि भाड खील खील हो गया।"

17 अगस्त 2007 को पित्ताशय के कैंसर के चलते 78 वर्ष की उम्र में दशरथ मांझी ने एम्स दिल्ली में अंतिम सांस ली। लेकिन हम पूर्ण विश्वास से कह सकते हैं वह पूर्ण संतुष्टि एवं प्रसन्नता के साथ अंतिम विदा लिए। बिहार की राज्य सरकार द्वारा उनका अंतिम संस्कार किया गया।

दशरथ मांझी को इस अप्रतिम उपलब्धि के लिए 2006 में पद्मश्री दिया गया था। मांझी *माउंटेन मैन* के नाम से विख्यात है। बिहार के तत्कालीन मुख्यमंत्री नीतीश कुमार ने गहलोर से 3 किलोमीटर पक्की सड़क और गहलोर गांव में उनके नाम के एक अस्पताल निर्माण का प्रस्ताव रखा। फिल्म प्रभाग ने इन पर एक डॉक्यूमेंट्री फिल्म *"द मैन हु मूव्ड द माउंटेन"* का भी 2012 में उत्पादन किया। 21 अगस्त 2015 में निर्देशक केतन मेहता ने दशरथ मांझी के जीवन पर आधारित फिल्म "मांझी: द माउंटेन मैन" रिलीज की। मांझी के कामों को एक कन्नड़ फिल्म "ऑलवे मंदार" में जयतीर्थ द्वारा दिखाया गया है। मार्च 2014 में प्रसारित टीवी शो सत्यमेव जयते का सीजन 2 का पहला एपिसोड दशरथ मांझी को समर्पित किया गया। ओ मांझी रे....

हमारी धारणा

पोथी पढी-पढी जग मुवा, पंडित भया न कोइ।

एक ही आखर प्रेम का, पढ़े सो पंडित होइ।।

- कबीर

दशरथ मांझी इसी प्रेम के बल पर साधारण से असाधारण बन गए। जब इंसान किसी से प्यार करता है तो अपना सब कुछ उसी को समझता है। उसकी सारी दुनिया प्रेम में ही होती है। प्रेमी अपने प्रेम के लिए यथासंभव प्रयास करता है। लेकिन जब मृत्यु जैसा सत्य प्रेमियों को दूर करता है । तब अंदर एक खालीपन आ जाता है। फिर इस ब्रहमांड की सारी ऊर्जा को शुद्ध प्रेम की अनुपस्थिति

में उसके खालीपन को भरने के लिए प्रवाहित होती है। और यही प्रेम की ऊर्जा एक आम इंसान को खास बना देती है। जैसा दशरथ मांझी के साथ हुआ।

प्रेम के परिशुद्धता में मैं या तुम नहीं रहता हम हो जाते है। मैं ही तुम हूँ। तुम ही मैं हो। लेकिन भौतिक रूप से दो हमेशा ही दृश्य होते हैं। अन्य सभी स्तर पर एक हो जाते हैं। और एक ही की अनुपस्थिति में जब दूसरा समझदारी और विवेक से खुद में ही प्रेम की तलाश में निकलता है। और इस तलाश में वह बड़े से बड़ा काम कर जाता है भले ही कितनी भी बाधाएं आए।

मांझी जो तकलीफ खुद सहते हैं (वियोग) वो किसी और को नहीं होने देना चाहते। क्यों उसे दर्द का अंदाजा और पीड़ा है । और फिर वह करते हैं सृजन। और प्रेम की व्यक्तिगत अनुभूति से भी आगे सार्वभौमिक प्रेम की ओर अग्रसर होते हैं।

प्रेम सर्वशक्तिमान है। और यह संयोग श्रृंगार पर भी बराबर से लागू होता है। जब दो प्रेमी परिशुद्ध प्रेम से मिलते हैं तब भी प्रकृति उनके सृजन को ऊर्जा देती है। यह पुस्तक भी व्यक्तिगत अनुभूति से सार्वभौमिक अनुभूति का प्रमाण है।

मांझी ने केवल विशाल पहाड़ (भौतिक) नहीं तोड़ा बल्कि उस धारणा का भी पहाड़ तोड़ा जो एक इंसान को तट छोड़कर बहने से रोकती है। संपूर्ण विकास को बाधित करते हैं। और करीब से समझने के लिए *मांझी: द माउंटेन मैन फिल्म* अवश्य देखें।

मांझी ने प्रमाणित कर दिया कि लोगों की धारणा पर ध्यान ना देकर अपनी अंतरात्मा की आवाज सुनकर आप तट छोड़कर बह सकते हैं। कोई पहाड़ हम तभी तोड़ सकते हैं जब हम समझ के साथ दूरदर्शी बने।

प्यार करना बहुत आसान है जब आप सरल और वास्तविक होते हैं। प्यार करना बहुत कठिन है जब आप जटिल और मुखौटे के साथ होते हैं। जब आप किसी को प्यार देते हैं। तभी आपको प्यार मिलता है।

जीवन एक दर्पण के जैसा है जो आप देते हैं वही आपको वापस मिलता है। अंत में आपसे यही आग्रह है कि आप शिद्दत से प्यार करें। और शिद्दत के लिए समझ और स्पष्ट दूरदृष्टि आवश्यक है।

कथन

1. जब तक तोड़ूंगा नहीं तब तक छोड़ूंगा नहीं।
2. भगवान के भरोसे मत बैठिए पता नहीं भगवान हमारे भरोसे बैठा हो।

(मांझी:द माउंटेन मैन से)

15

इच्छा शक्ति के पैर

मशहूर अभिनेत्री सुधा चंद्रन का जन्म 27 दिसंबर 1965 में केरल की एक सामान्य परिवार में हुआ। इनकी माता श्रीमती थंगम तथा पिता का नाम श्री के. डी. चंद्रन ने सामान्य परिवार के होते हुए भी मुंबई में इन्हें उच्च शिक्षा दिलाई। माता-पिता की इच्छा थी कि उनकी बेटी एक प्रसिद्ध नृत्यांगना बने। इसलिए 5 वर्ष की अवस्था में ही, भारतीय शास्त्रीय नृत्य सीखने के लिए मुंबई के प्रसिद्ध नृत्य विद्यालय 'कला सदन' में प्रवेश दिलाया। जहां से प्रसिद्ध नृत्य शिक्षक श्री के. एस. रामास्वामी भागवतार ने नृत्य की शिक्षा दी।

बे पढ़ाई के बाद नृत्य का अभ्यास करती थी। सुधा ने 16 वर्ष तक की आयु में 75 से अधिक स्टेज शो पूरे कर लिए थे। उनकी पहचान भरतनाट्यम की एक अच्छी कलाकार के रूप में होने लगी थी। लेकिन 2 मई 1981 को सुधा के सपनों की इंद्रधनुषी दुनिया में एकाएक अंधेरा छा गया।

जब सुधा चंद्रन अपने माता-पिता के साथ तमिलनाडु तिरुचिरापल्ली स्थित मंदिर से मद्रास लौट रही थी। तभी उनकी बस अचानक सामने आ रहे ट्रक से टकरा गई। इस दुर्घटना में बहुत से लोग घायल हुए। इस दुर्घटना में सुधा के बाएं पांव की एड़ी टूट गई और दायाँ पांव पूरी तरह जख्मी हो गया। प्लास्टर लगने पर बायां पैर ठीक हो गया किंतु दाईं टांग में गैंग्रीन (एक प्रकार का कैंसर) हो गया। डॉक्टर ने बताया कि अगर समय रहते इनका पैर नहीं काटा गया तो सुधा की जान भी जा सकती है। अंततः दुर्घटना के एक महीने बाद सुधा के दाईं टांग घुटने के 7.5 इंच नीचे से काट दी गई। जिस काम के लिए उन्होंने पूरे जीवन का सपना देखा था अब ऐसी स्थिति में उन्हें यह चूर चूर होते दिख रहा था।

हालात विपरीत थे लेकिन जुनून और जज्बा बेमिसाल। सुधा जी ने प्रण लिया, उन्हें कुछ ऐसा कार्य करना है जिससे वो लोगों को प्रेरित कर सकें कि जिंदगी कोई हादसा नहीं है, जो जैसा पहले थी आज भी बिल्कुल वैसा ही है ऐसा करने के लिए उन्होंने लकड़ी के गुटके के पांव और बैसाखी के सहारे चलना शुरू कर दिया। और मुंबई आकर अपनी पढ़ाई और नृत्य अभ्यास शुरू कर दिया।

एक दिन सुधा ने अखबार में विज्ञापन देखा जिसमें "चमत्कार पूर्ण पैर" के बारे में लिखा था। मैग्सेसे पुरस्कार विजेता डॉक्टर पी. सी. सेठी दुनिया में सबसे सस्ता कृत्रिम पैर बनाने के लिए लोकप्रिय है। सुधा चंद्रन ने जयपुर फुट के डॉक्टर सेठी से मिलने के लिए पत्र लिखा और सौभाग्य की बात कि वे उनसे मिलने के लिए तैयार हो गए।

जब पहली बार सुधा जी डॉक्टर सेठी से मिली तो पहला सवाल यही किया कि क्या वे दोबारा चल पाएंगी? क्या वो फिर से पहले की तरह नृत्य कर पाएंगी। डॉक्टर सेठी ने कहा, *"क्यों नहीं, यह सब आपकी इच्छा शक्ति पर निर्भर करता है। अगर आप पूरी इच्छाशक्ति पर चाहते हैं तो अवश्य होगा।"* सुधा जी के पैर का ऑपरेशन हुआ और उनको कृत्रिम पैर लगा दिया गया।

डॉ. सेठी ने सुधा के लिए एक विशेष प्रकार के अल्युमिनियम की टांग बनाई और इसमें ऐसी व्यवस्था की कि वह टांग को आसानी से घुमा सकती थी। सुधा एक विश्वास के साथ मुंबई लौटी और उसने नृत्य का अभ्यास शुरू किया किंतु इस प्रयास में उनके टांग से खून निकलने लगा। कोई भी सामान्य व्यक्ति इस तरह की घटना के बाद दोबारा नाचने की हिम्मत कतई नहीं करता किंतु सुधा ने शीघ्र ही अपनी निराशा पर काबू पा लिया और अपने नृत्य प्रशिक्षक को साथ लेकर डॉक्टर सेठी से पुनः मिली।

डॉक्टर सेठी ने सुधा के नृत्य प्रशिक्षक से नृत्य हेतु पाँव की विभिन्न मुद्राओं को गंभीरता से परखा और एक नई टांग बनवाई। जो नृत्य की विशेषता जरूरतों को ध्यान में रखकर बनवाई गई थी। टांग लगाते समय डॉक्टर सेठी ने सुधा से कहा- "मैं जो कुछ कर सकता था मैंने कर दिया, अब तुम्हारी बारी है।"

सुधा ने अभ्यास करना शुरू किया और कठिन अभ्यास से जल्द ही सामान्य नृत्य मुद्राओं को प्रदर्शित करने में सफल हो गई। अब समय सही मौका मिलने का और दुनिया के सामने अपनी योग्यता सिद्ध करने का। सुधा जी इसके लिए सही मौके के इंतजार में थी। लंबे इंतजार के बाद आखिर वह दिन आ ही गया जब सुधा जी को दुर्घटना के बाद पहले कार्यक्रम के लिए आमंत्रित किया गया। यह मौका था 'सेंट जेवियर्स कॉलेज' में परफॉर्मेंस देने का और उस दिन अखबार की हैडलाइन थी *"LOOSES A FOOT, WALKS A MILE"* इस तरह की हैडलाइन ने सुधा जी के हौसलों को और बढ़ा दिया।

1984 में तेलुगू में सुधा जी के जीवन पर आधारित फिल्म "मयूरी" बनी, जिसमें मुख्य पात्र का रोल स्वयं सुधा जी ने निभाया था। बाद में इसका हिंदी वर्जन भी आया 'नाचे मयूरी'। इस फिल्म को राष्ट्रीय फिल्म पुरस्कार से भी सम्मानित किया गया था। इन्हें 2004 में स्टार परिवार अवार्ड, 2005 में तुम्हारी दिशा के लिए सर्वश्रेष्ठ अभिनेत्री के लिए भारतीय टेलीविजन अकादमी पुरस्कार, 2013 में एशियानेट टेलीविशियोन पुरस्कार, 2014 में देवम्थंडी वीडू के लिए सर्वश्रेष्ठ सहायक अभिनेत्री पुरस्कार, 2016 में 2017 में कलर्स गोल्डन परेल अवार्ड मिला।

कथन

1. यदि मेरी यात्रा लोगों को कभी हार ना मानने के लिए उत्साहित और प्रेरित करती है, जो वो वास्तव में पाना चाहते हैं, तो मुझे राच्ची संतुष्टि मिलेगी।

2. नृत्य मेरा जीवन है और मैं अपने जुनून को जीवंत रखकर खुश हूं।

3. किसी दिव्यांग व्यक्ति को कभी नकारो नहीं, क्योंकि हमें एहसास नहीं होता कि वे कितना प्रेरित कर सकते हैं।

4. मैं लंबे कर्मकांडो (रीति-रिवाजों) पर भले भरोसा ना करूं लेकिन मैं अलौकिक शक्ति पर विश्वास करती हूं जो मुझे शक्ति देती है। और यह मेरे माता-पिता, मेरे पति अथवा मेरी असफलताओं के रूप में हो सकती हैं।

5. जब लोग मेरी सफलता पर टिप्पणी करते हैं, मुझे पता है मुझे मिली नहीं बल्कि मैंने कमाई है।

अरुणिमा सिन्हा

अरुणिमा सिन्हा का जन्म वर्ष 1988, में 20 जुलाई को उत्तर प्रदेश के आम्बेडकर नगर में हुआ था। उनके पिता भारतीय सेना में थे और उनकी माता ज्ञान बाला सिन्हा स्वास्थ्य विभाग में सुपरवाइजर थीं।

अरुणिमा सिन्हा ने अपनी प्रारंभिक शिक्षा उत्तर प्रदेश से पूरी की है। इसके बाद अरुणिमा सिन्हा नेहरू इंस्टिट्यूट ऑफ माउंटेनियरिंग नामक कॉलेज में दाखिल हो गई। उन्होंने उत्तरकाशी से पर्वतारोहण का भी कोर्स किया हुआ था। अरुणिमा सिन्हा को पर्वतारोहण और वॉलीबॉल खेलना काफी पसंद था। अतः पर्वतारोहण करने के साथ-साथ वॉलीबॉल भी खेला करती थी।

एक बार अरुणिमा सिन्हा ने सी.आई.एस.एफ. की परीक्षा के लिए दिल्ली जा रही थी । वर्ष 2011 की अप्रैल माह की 21 तारीख को अरुणिमा सिन्हा पद्मावत एक्सप्रेस में यात्रा कर रही थी। यात्रा के दौरान कुछ बदमाशों ने उनसे सोने की चैन छीनने की कोशिश की।

इस छीना झपटी के दौरान अरुणिमा सिन्हा ट्रेन से नीचे गिर गई। ट्रेन से नीचे गिरने के पश्चात अरुणिमा सिन्हा दूसरे ट्रैक पर चली गईं, तभी उस ट्रैक पर उन्होंने रेलगाड़ी को आते हुए देखा, जब तक कि वह स्वयं को बचाने के लिए पटरी से हट पाती तब तक ट्रेन उनके पैरों को कुचल चुकी थी।

इस दुर्घटना की छानबीन होने के बाद यह पता लग पाया की दुर्घटना के बाद उसके पैर के ऊपर से लगभग 49 रेलगाड़ियां गुजर चुकी थी। 49 गाड़ियां गुजर जाने का अनुमान आप स्वयं भी लगा सकते हैं कि कितना दर्दनाक रहा होगा। इस हादसे के बाद उन्हें एक हॉस्पिटल में शिफ्ट किया गया।

इस ट्रेन दुर्घटना के कारण अरुणिमा सिन्हा का पैर इतनी बुरी तरह से कुचला जा चुका था कि उनका एक पैर काटना पड़ा। परिवार के लोग उन्हें देखते थे और स्वयं ही रोते थे। अरुणिमा को अन्य लोगों की दृष्टि से एक गरीब तथा एक दुखियारी औरत के रूप में देखा जाता था।

अरुणिमा का मानना था कि उनका कटा हुआ पैर उनकी कमजोरी नहीं बन सकता, इसलिए उन्होंने अपनी ताकत को बरकरार रखा। कौन भला दुनिया के दिल्ली के एक संज्ञान में एक फाइबर और लोहे का मिक्सचर प्रदान किए। इस नकली पैर के लिए अरुणिमा सिन्हा ने कहा-

"एम से छुटकारा पाने के बाद दिल्ली के एक संगठन ने मुझे नकली पैर दिए। इसके बाद मैंने पीछे मुड़कर कभी नहीं देखा। मैंने ट्रेन पकड़ी और जमशेदपुर पहुंची। वहां मैं एवरेस्ट फतह करने वाली बछेंद्री पाल रो मिली। उनसे मिलने के बाद मुझे पैर ही लग गए उसके बाद मुझे लगने लगा। अब मेरा सपना जरूर पूरा होगा।"

अंततः जब अरुणिमा सिन्हा ने माउंट एवरेस्ट की चढ़ाई को पूरा करके 21 मई 2013 को 10:55 बजे माउंट एवरेस्ट पर तिरंगा फहराया। चोटी पर पहुंचने के बाद उनकी आंखों में आंसू आ गए। और दुनिया की सबसे पहली ऐसी औरत बन गई जो कि विकलांग होने के बावजूद भी माउंट एवरेस्ट जैसी सर्वोच्च चोटी पर चढ़ी।

अरुणिमा ने माउंट एवरेस्ट के अलावा अन्य चोटियों की भी चढ़ाई को अंजाम दिया। इनमे कुछ चोटियां और उनकी ऊंचाई इस प्रकार है: अर्जेंटीना के अकोंकागुआ पर्वत पर (6961 मीटर), यूरोप के एलब्रुस पर्वत पर (5631 मीटर), अफ्रीका के किलिमंजारो पर्वत पर(3895 मीटर) आदि। *उन्होंने सबसे ऊंची जो चढ़ाई चढ़ी तो थी ऊंची सोच और रूढ़ धारणाओं को तोड़ने की।*

वर्ष 2015 में अरुणिमा को भारत सरकार द्वारा भारत के चौथे सबसे बड़े सम्मान पद्मश्री से नवाजा गया। वर्ष 2016 में इन्हें तेंजिंग नोर्गे एडवेंचर अवार्ड प्रदान किया गया। इस अवार्ड को अर्जुन पुरस्कार के समान माना जाता है। वर्ष 2018 में अरुणिमा सिन्हा को प्रथम गहिला पुरस्कार भी प्रदान किया गया। 2016 में इन्हें लिम्का बुक ऑफ रिकॉर्ड्स द्वारा वर्ष की महान शख्सियतों में शामिल किया गया।

आशा, साहस और आत्मविश्वास की एक कहानी आपको तट छोड़कर पूर्ण विकास की ओर प्रवाहित करेगी। यही हम दोनों की आशा है।

कथन

1. मैंने अपने दिल, दिमाग, अंतरात्मा में यह बात सोच ली थी कि आज तुम्हारा दिन है। जितना चाहो जैसे चाहो बोल लो, लेकिन एक दिन तो मेरा आने वाला है।

2. लोगों की सबसे बड़ी प्रॉब्लम यह है कि वह आपके फिजिकल को देखते हैं, आपकी अंतरात्मा में क्या चल रहा है यह नहीं देखते।

3. जैसा हम सोचते हैं हमारी बॉडी उसी तरह से काम करना शुरू कर देती है।

4. जिंदगी में गोल्डन चांस बार-बार नहीं आते हैं। यह कभी-कभी आते हैं और यह आपके ऊपर है कि आप इसे पकड़ कर रखते हो या छोड़ देते हो।

5. सिर्फ एक-एक कदम आगे बढ़ाना, फिर देखना आप टॉप पर होंगे।

6. सब कुछ हम में है, हम जैसा चाहे वैसा कर सकते हैं।

7. अभी तो बाज की असली उड़ान बाकी है, अभी तो इस परिंदे का इम्तिहान बाकी है। अभी अभी मैंने लांघी है दो गज जमीन, अभी तो पूरा आसमान बाकी है।

हमारी धारणा

इस शीर्षक को पढ़कर आपके मन में दो सवाल अवश्य उठे होंगे। पहला प्रश्न: 'आपके पास ऐसा क्या है जो आपके जीवन को अर्थपूर्ण बना सकता है या बना रहा है?' दूसरा प्रश्न: "ऐसा क्या है जो आपको संपूर्णता से आनंदमय जीवन जीने से रोक रहा है?"

और आपको इन दोनों सवालों के जवाब भी स्पष्ट हो गए होंगे। कि किसी भी स्थिति और परिस्थिति में हमें रुकना नहीं चाहिए। सामान्यतया छोटी खरोंच के बाद भी इंसान रुकने के बहाने खोजने लगता है लेकिन सुधा जी ने भरतनाट्यम किया। अरुणिमा जी ने एवरेस्ट फतह की। वो भी बिना पैर के।

जैसा कहते हैं ना आंखें होते हुए भी अंधे। वैसे ही कहा जा सकता है पैर होते हुए भी लंगड़े। अर्थात कुछ और भी है इस भौतिक शरीर (जिससे केवल अहं पोषित होता है) के अलावा जो आपको हर मैदान फतेह करने का हौसला देता है। और वो है हमारी मानसिकता (Mindset)। Mindset बनता है हमारे रोज के अनुभवों और विचारों के दोहराव से।

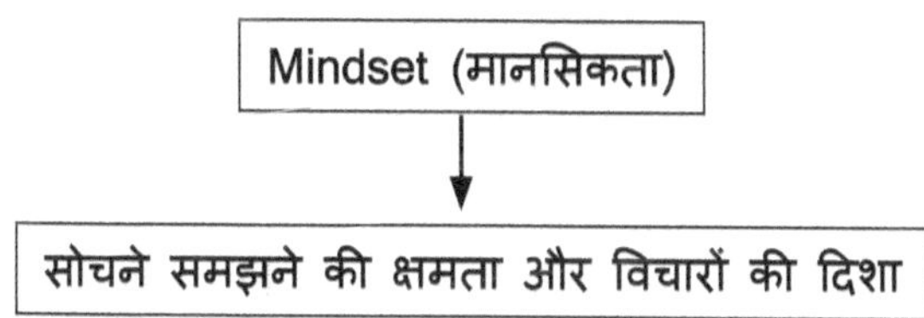

मस्तिष्क(Mind) में हम जो सेट करते(Input) देते हैं वही हमारा Mindset(मानसिकता) है।

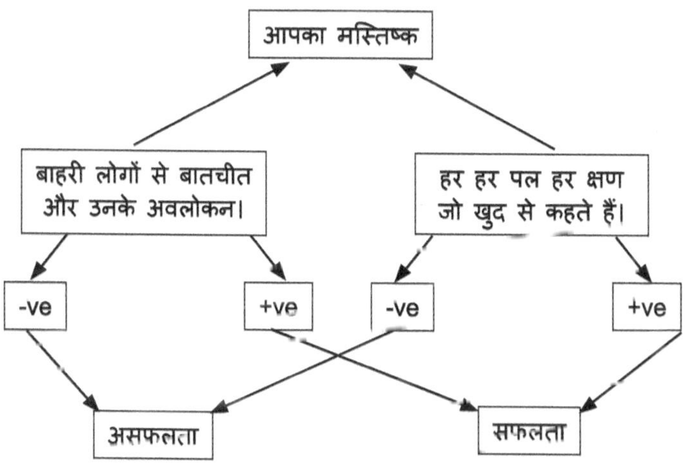

दुनिया का प्रत्येक व्यक्ति पूर्णता से जीना चाहता है, आनंदमय हंसना चाहता है, सफलता प्राप्त करना चाहता है और अमर रहना चाहता है (मरने के बाद कर्मों से जीना)। लेकिन जाने अनजाने बनाई गई नकारात्मक धारणाओं को छोड़ नहीं पाते अधिकतम लोग। लेकिन सुधा जी और अरुणिमा सिन्हा जी यह स्पष्ट रूप से

देख पा रही थी कि उनके वर्तमान के आगे एक उज्जवल भविष्य है, उनके मन में बैठे धारणाओं के आगे भी बहुत कुछ है।

प्रिय पाठक! हर पर्वत के आगे एक नया विशाल पर्वत है, हर नदी के आगे एक बड़ी नदी है। इन छोटी आंखों के आगे भी कहीं विस्तृत ब्रहमांड है, आपके वर्तमान (भौतिक, मानसिक, सामाजिक और भावनात्मक) के आगे भी एक नया वर्तमान है। जब ये बारीकी समझ आ जाती है तब आप तट छोड़कर उन्मुक्त विशाल समुद्र की ओर बह जाते हैं।

काम करो नित ध्यान से, नहीं करो आराम

कर्मशील गर तुम बनों, जग में होगा नाम।।

16

हार को हरा डाला

12 फरवरी 1809 को केंटकी, यूएसए में नैंसी हैंक्स लिंकन और थॉमस लिंकन के यहां संतान पैदा हुई। जिसका नाम उसके दादा ने अब्राहम रखा। अब्राहम लिंकन। उनका पूरा परिवार बहुत गरीब था। इनके पिता किसान होने के साथ-साथ बढ़ई का काम भी करते थे। अब्राहम के जन्म के 2 साल बाद विवाद के कारण लिंकन परिवार को निवास स्थान छोड़ना पडा। उसके बाद 1811 में भी वहां से 13 किलोमीटर उत्तर में नोब क्रीक फॉर्म चले गए। खेती के लायक बना कर काम शुरू किया।

अब्राहम लिंकन जब 6 साल के थे, तब उन्हें उस स्कूल में पढ़ने के लिए भेजा गया था; लेकिन घर की आर्थिक स्थिति के कारण, उन्हें अपने पिता के काम को खेतों में काम करके साझा करना पड़ा। और उनके पिता भी कभी नहीं चाहते थे कि आप पढ़ाई करें। इसी बीच 5 अक्टूबर 1818 को अब्राहम की मां का निधन हो गया, उस समय अब्राहम केवल 9 वर्ष के थे। और उनकी बहन सारा 11 साल की थी। एक साल बाद घर की परेशानियों को देखते हुए थॉमस लिंकन (पिता) ने एक विधवा, सारा बुस जॉनसन से शादी की जिसके पहले से ही 3 बच्चे थे। सारा एक अच्छी महिला थी उन्होंने अब्राहम को हमेशा वही करने के लिए प्रोत्साहित किया जो उसे पसंद था।

22 वर्ष की उम्र तक अब्राहम ने कई काम किए जैसे कि मजदूर, चौकीदार आदि। 1837 में अब्राहम लिंकन की राजनीति में रुचि हो गई और वे व्हिग पार्टी के नेता बन गए। लेकिन आर्थिक रूप से मजबूत ना होने के कारण वे राजनीति में ज्यादा सफलता हासिल नहीं कर पाए। उसके बाद उन्होंने गरीबों को

न्याय दिलाने का फैसला किया और वकील बनने के लिए पढ़ाई करने लगे।

वकील बनने के बाद वह अपने मुवक्किल से केवल एक मामूली शुल्क वसूल करते थे, ज्यादातर मामलों में तो वो दोनों पक्षों को अपने कक्ष में बुलाते थे और समझौता करवाते थे, ताकि गरीब लोग अपना कीमती समय बर्बाद ना कर सके और जाल में फंस कर पैसा ना बर्बाद करें। कहा जाता है कि अब्राहम लिंकन एक केस के बीच में दलील देना बंद कर देते थे, अगर उन्हें लगता था कि इस केस में कई कागज नहीं डाले गए और फर्जी दस्तावेज पेश किए गए, जब उनकी आत्मा नहीं मानी तो है केस को सुलझा लेंगे। एक बार उन्होंने एक विधवा महिला की पैंशन के लिए मुफ्त में मुकदमा लड़ा, इसी तरह एक अन्य मामले में उन्होंने अपने मुवक्किल को $10 लौटा दिए क्योंकि मामले की कार्यवाही में केवल $15 खर्च किए गए थे।

31 वें साल में बिजनेस में फेल हुए। 32 में साल में वे स्टेट Legislator का चुनाव हार गए। 33 साल में भी उन्होंने एक नए बिजनेस की कोशिश की, फेल हो गए। 35वें में उनकी मंगेतर एन रुटलेस की टाइफाइड की वजह से मृत्यु हो गई। 36वें साल में उनका नर्वस ब्रेकडाउन हो गया पूरा 43 साल उन्होंने कांग्रेस के लिए चुनाव लड़ा पर हार गए। 48 साल में फिर कोशिश की लेकिन हार गए। 55 साल में उन्होंने सीनेट का चुनाव लड़ा पर हार गए। 56 साल में उन्होंने वाइस प्रेसिडेंट के लिए चुनाव लड़ा पर हार गए। 59 साल में उन्होंने फिर एक सीनेट के लिए चुनाव लड़ा और हार गए। अंत में 1860 में अमेरिका के 16वें राष्ट्रपति बने।

अब्राहम लिंकन जब (4 मार्च 1861 - 15 अप्रैल 1865) अमेरिका के राष्ट्रपति बने तो दक्षिण और उत्तरी राज्यों में गुलामी की व्यवस्था थी। लेकिन अब्राहम लिंकन ने गुलामी की कुप्रथा को समाप्त करके गुलामी से देश को मुक्ति दिलाई। गोरे लोग दक्षिणी राज्यों के बड़े खेतों के स्वामी थे, वह अफ्रीका के काले लोगों को अपने खेत में काम करने के लिए बुलाते थे उन्हें दास के रूप में रखा जाता था। उत्तरी राज्यों के लोग गुलामी की इस प्रथा के खिलाफ थे।

4 मार्च 1865 को अब्राहम लिंकन का दूसरी बार शपथ समारोह हुआ। शपथ समारोह होने के बाद दिया गया लिंकन का भाषण मशहूर हुआ। उस भाषण को सुनकर लोगों के आंसू आ गए। वह किसी के भी खिलाफ नहीं थे और चाहते थे कि सब लोग शांति से जीवन बिताएं। 1862 में लिंकन ने घोषणा की थी अब सभी दास मुक्त होंगे। इसी ने लिंकन को लोकप्रिय बना दिया। इस प्रकार उन्होंने अमेरिका में गृह युद्ध को समाप्त कर दिया।

लिंकन कभी किसी धर्म के बारे में चर्चा नहीं करते थे और किसी चर्च से संबंध नहीं है। एक बार उनके किसी मित्र ने उनके धार्मिक विचार के बारे में पूछा। लिंकन ने कहा- "बहुत पहले मैं इंडियाना में एक बूढ़े आदमी से मिला जो यह कहता था जब मैं कुछ अच्छा करता हूं तो अच्छा अनुभव करता हूं और जब बुरा करता हूं तो बुरा अनुभव करता हूं, यही मेरा धर्म है।"

14 अप्रैल 1865 को वाशिंगटन के एक नाट्यशाला में नाटक देखते हुए जॉन बिल्कीस बूथ नाम के युवक ने उनको गोली मारी। इस घटना के दूसरे दिन 25 अप्रैल को वह हमेशा के लिए सो गए लेकिन इन विचारों के रूप में वह हमेशा भीतर जीवित रहेंगे।

हमारी धारणा

अब्राहम लिंकन, जो अपने जीवन के 40 वर्ष तक गुमनाम रहे। लेकिन उसके बाद ध्रुव तारे से दैदीप्यमान हो गए। यह रातो रात नहीं हुआ। इसका रहस्य इनके ही कथन में है-

"मैं तैयारी करूंगा और किसी दिन मेरा मौका आएगा।"

तैयारी करूंगा रो तात्पर्य है हर रोज लगातार प्रयास। अपनी धारणाओं को देखिए उन्हें चुनौती दीजिए। आप वह बन जाएंगे जो आप बनना चाहते हैं। यह कुछ ऐसा है कि एक ताला यदि 20वीं हथौड़ी में टूटा तो उसे तोड़ने में पहली हथौड़ी का भी उतना ही योगदान है। लगे रहिए।

"Your are the creator of your life."
प्रत्येक व्यक्ति अपने जीवन का निर्माण स्वयं करता है। कुछ करने की इच्छा रखने वाले व्यक्ति के लिए इस दुनिया में कुछ भी असंभव नहीं है।

जी हां! यदि आप कुछ करना चाहते हैं तो दुनिया की कोई ताकत आप को रोक नहीं सकती सिवाय आपके। क्योंकि जब आप पूरी शिद्दत से किसी चीज को पाना चाहते हैं तो सारी कायनात उसे आपसे मिलाने की कोशिश में लग जाती है। दर्शन आवश्यक है।

" मैं धीमे चलाता हूं पर कभी वापस नहीं जाता।"
धीमे चलने का अर्थ है गहराई से सीखना। और जब हम गहराई से सीखते हैं तो हम में बदलाव आता है। वह बदलाव हमारी धारणाओं, पूर्वाग्रहों, समझ(विचारों) को परिवर्तित करता है। अगर वैज्ञानिक रूप से कहे तो यदि हम नकारात्मक सोचते हैं तो हमारे न्यूरॉन्स का पाथवे नकारात्मक बन जाता है। और यदि हम सकारात्मक सोचते हैं तो हमारे न्यूरॉन्स का पाथवे सकारात्मक बन जाता है। लेकिन अच्छी बात यह है कि हम इन दोनों पाथवे को प्रयास और अभ्यास से नकारात्मक से सकारात्मक में बदल सकते हैं। थोड़ा समय लगता है। धैर्य रखिए।

"आप आज से बचकर आने वाले कल की जिम्मेदारी से नहीं बच सकते।"
समय-शाश्वत है और सभी के लिए समान है। कोई भी कितना भी शक्तिशाली क्यों ना हो वह वर्तमान को लांघकर भविष्य में नहीं पहुंच सकता। इसलिए वर्तमान में भविष्य की जिम्मेदारी लीजिए। यह पुस्तक भी हमारी जिम्मेदारी ही है। समय की कद्र करेंगे तो समय आपकी कदर करेगा।

यह मेरा अनुभव रहा है कि जिन लोगों में कोई दोष नहीं होता उनमें बहुत कम गुण होते हैं। क्योंकि अगर कोई कुछ कर रहा है तो उसमें लोग कमियां निकालेंगे ही। क्योंकि उनकी

धारणा का आधार है। यह वही समाज है जो चांद में भी दाग बता देता हैं।

इसलिए हमारा मानना यह है कि गुण-दोष, अच्छा-बुरा जैसी चीजें किसी ना किसी के संदर्भ में होती हैं। ये संदर्भ देखने वाले की धारणाओं से आती है। ये सब Mindset का खेल है। न कुछ पूरी तरह सही है, ना कुछ पूरी तरह गलत। सही और गलत मिल करके पूर्ण बनते हैं।

जिम्मेदार बनिए और खुश रहिए। सीखते रहिए। और यह दुनिया जैसी आपको मिली है उससे और बेहतर और खूबसूरत बनाने का प्रयास करते रहिए। जीवंत रहिए।

कथन

1. भविष्य में सबसे ज्यादा अच्छी कला होगी कम से कम जमीन में अच्छे से अच्छा जीवन प्रदान करना ।

2. कई लोग तो केवल अपने दिमाग को बहला कर ही खुश रहते हैं।

3. इंसानी रवैया कभी नहीं बदलेगा। भविष्य में किसी महान देश में भी, हमें महान लोग मिलेंगे, कमजोर लोग मिलेंगे, हमें मूर्ख लोग मिलेंगे और चालाक लोग भी मिलेंगे।

4. कमजोर होकर हर व्यक्ति शांत रह सकता है। लेकिन यदि आप किसी इंसान के चरित्र की जांच करना चाहते हैं, तो आप उसे ताकत दे दीजिए।

5. वह व्यक्ति जो मदद के लिए आगे आता है, उसे आलोचना करने का हक है।

6. आप किसी व्यक्ति की महानता का अंदाजा इस बात से लगा सकते हैं कि वह किन बातों पर गुस्सा हो जाता है।

7. सज्जनों मैंने खुद को यह नहीं बताया कि मैं इस राष्ट्र का सबसे अच्छा व्यक्ति हूं । लेकिन मैं उस बूढ़े इच किसान की कहानी जानता हूं कि जिसने कहा था कि बहाव पार करते हुए घोड़े ना बदले।

8. शिष्टाचार का अर्थ होता है कि आप दूसरों के साथ खुद की तरह व्यवहार करें।

9. मैं जीतने के लिए बंधा नहीं हुआ, लेकिन मैं बंधा हुआ हूं सच्चा होने के लिए । मैं सफल होने के लिए बंधा नहीं हूं, लेकिन मैं बंधा हुआ हूं अपने अंदर के प्रकाश के साथ जीने के लिए। मैं हर उस व्यक्ति के साथ खड़ा हूं, जो कि सही है, और उससे अलग भी हो सकता हूं जब वह गलत होगा।

10. जो आज किया जा सकता है उसे कल के लिए ना छोड़े।

11. मुझे नहीं लगता कि भगवान ने इंसानों को इसलिए बनाया है कि वह असीम संसार पाकर एक दिन खत्म हो जाए। इंसानों को अमरता के लिए बनाया गया है।

12. साधारण दिखने वाले लोग हैं दुनिया के सबसे अच्छे लोग होते हैं, यही वजह है कि भगवान ऐसे बहुत से लोगों का निर्माण करते हैं।

13. यदि आप एक बार अपने साथी नागरिकों का भरोसा तोड़ दे। तो आप फिर कभी उनका सत्कार और सम्मान नहीं पा सकेंगे।

14. किसी वृक्ष को काटने के लिए आप मुझे 6 घंटे दीजिए और मैं पहले 4 घंटे कुल्हाड़ी की धार तेज करने में लगाऊंगा।

15. मैं तुम्हें छोड़कर जा रहा हूं इस उम्मीद के साथ कि न्याय के लैंप तुम्हारी छाती में जलते रहेंगे, और इस बात पर कोई शक नहीं होगा कि हर व्यक्ति मुक्त है और बराबर है।

अपने बेटे के शिक्षक को लिंकन का पत्र

मेरा बेटा आज स्कूलिंग शुरू कर रहा है. कुछ समय के लिए उसके लिए ये सब थोड़ा अजीब और नया होने वाला है और मैं उम्मीद करता हूँ आप उसके साथ नम्रतापूर्वक व्यवहार करेंगे. ये एक ऐसा काम है जो शायद उसे दुनिया के अलग-अलग हिस्सों में लेकर जाएगा. इस जीवन को जीने के लिए विश्वास, प्रेम और साहस की ज़रूरत होती है.

इसलिए, माय डिअर टीचर, प्लीज़, क्या आप उसका हाथ थाम कर, उसे वो चीजें सिखा सकते हैं जो उसे जाननी ही होंगी, नम्रतापूर्वक... आहिस्ता-आहिस्ता।

उसे सिखाइए कि हर एक दुश्मन के बदले एक दोस्त होता है. उसे जानना होगा कि सभी लोग अच्छे नहीं होते, सभी लोग सच्चे नहीं होते. लेकिन उसे ये भी बताइये कि हर एक विलेन के लिए एक हीरो होता है, हर एक भ्रष्टाचारी पॉलिटिशियन के बदले एक समर्पित लीडर होता है.

उसे सिखा सकें तो सिखाइए कि 1 डॉलर पाने के बजाय 10 सेंट कमाना कहीं ज्यादा वैल्यू रखता है. टीचर, उसे बताइये कि स्कूल में फेल होना चीटिंग करने की अपेक्षा कहीं अधिक सम्मानजनक है.

उसे अच्छे लोगों के साथ विनम्र रहना और बुरे लोगों के साथ सख्त रहना सिखाइए. अगर हो सके तो उसे जलन से दूर ले जाइए और उसे अपने में खुश रहने का रहस्य समझाइये.

उसे किताबों के चमत्कार के बारे में ज़रूर बताइये, लेकिन उसे आकाश में उड़ते पक्षियों, फूलों पर मडराती मधुमक्खियों, और हरी पहाड़ी पर गिरती सूरज की किरणों के परम रहस्य के बारे में सोचने का मौका ज़रूर दीजिये. उसे अपने आइडियाज में यकीन करना सिखाइए, तब भी जब हर कोई उसे गलत कह रहा हो.

जब हर कोई भेड़ चाल का हिस्सा बनना चाहता हो तब आप मेरे बेटे को भीड़ से अलग चलने की ताकत देने का प्रयास करिए.

आप उसे सभी लोगों की बात सुनना सिखाइए, लेकिन उसे ये भी सिखाइए कि वह जो भी सुने उसे सत्य के परदे से छान ले और केवल जो सही है उसे ग्रहण करे. यदि वो सही है तो उसे गरजती हुई भीड़ का कान बन्द करके सामना करना सिखाइए.

उसे सिखाइए कि भले वो अपना टैलेंट और दिमाग सबसे अच्छी बोली लगाने वाले को बेचे पर अपने दिल और आत्मा की कभी कोई बोली ना लगाये.

उसमें इम्पेशेंट होने का साहस जगाइए और बहादुर बनने के लिए पेशेंट रहना सिखाइए. उसे खुद पर भरोसा करना सिखाइए, क्योंकि तब उसे हमेशा मानवता पर और ईश्वर पर भरोसा रहेगा.

टीचर, यही बातें मैं अपने बच्चे को सिखाना चाहता हूँ, लेकिन देखिये आप बेस्ट क्या कर सकते हैं. वो इतना छोटा सा, प्यारा सा बच्चा है, और वो मेरा बेटा है.

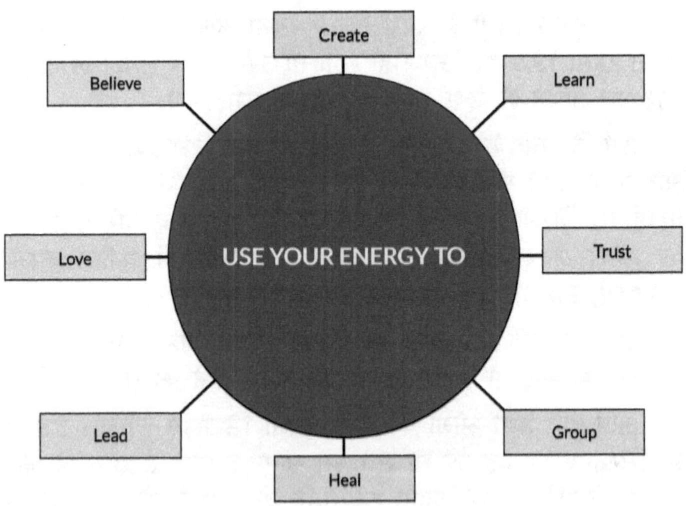

USE YOUR ENERGY Well !

चिता की आग से पेट की आग बुझाई

सिंधुताई का जन्म 14 नवंबर 1948 को महाराष्ट्र के वार्धा जिले में एक मवेशी चराने वाले परिवार में हुआ था। उनके पिताजी का नाम 'अभिमान साठे' है। लैंगिक भेदभाव और गरीबी के कारण उन्हें चिंदी (कपड़े के फटे हुए टुकड़े के लिए मराठी शब्द के) कपड़े पहनने पड़ते थे। आर्थिक रूप से कमजोर होने के कारण पिता स्लेट तक का खर्च नहीं उठा सकते थे इसलिए वह एक स्लेट के रूप में भडडी के पेड़ के पत्ते का उपयोग करती थी। बाल विवाह और पारिवारिक जिम्मेदारियों के कारण सिंधुताई को शिक्षा छोड़नी पड़ी। वह सिर्फ कक्षा चार तक ही पढ़ी थी।

10 वर्ष की आयु में ही सिंधुताई का विवाह 30 वर्षीय श्रीहरि सतपाल से कर दिया गया। 20 वर्ष की आयु तक उनकी तीन संताने हो चुके थे। सिंधुताई ने जिलाधिकारी से गांव वालों को उनकी मजदूरी के पैसे ना देने वाले गांव के मुखिया की शिकायत की थी। अपने इस अपमान का बदला लेने के लिए मुखिया ने श्रीहरि (पति) को सिंधुताई को घर से निकालने के लिए प्रवृत्त किया। क्योंकि बदले की आग में जल रहे मुखिया ने अफवाह फैला दी कि गर्भ में किसी और का बच्चा है। 9 महीने की गर्भवती सिंधुताई के पति ने उनके पेट पर लात मारी और ताई को बेहोश अवस्था में गायों के बीच तबेले में छोड़ दिया। जिससे यह हत्या के बदले सामान्य मौत लगे।

सिंधुताई बताती हैं कि जब उन्हें होश आया तो वो एक संतान को बेहोश अवस्था में जन्म दे चुकी थी। सभी गाय उनके आसपास भागदौड़ कर रही थी। मगर एक गाय उन्हें जगाने का प्रयास कर रही थी। तब उन्होंने गाय को वचन दिया कि *'आज तू मेरी माता बनी है अब मैं भी बस सब की मां बनूंगी किसी से और किसी भी प्रकार का संबंध नहीं रखूंगी।'* अपनी बेटी को

गौशाला में जन्म दिया और उसकी गर्भनाल को अपने हाथों से पत्थर से काटा।

वह किसी तरह अपने पैतृक घर तक पहुंचने के लिए संघर्ष करती रही, लेकिन बेबुनियाद अफवाहों के कारण उन्हें अपनी मां से भी ऐसी ही अस्वीकृति का सामना करना पड़ा। (उनके पिताजी का देहांत हो चुका था वरना वे अवश्य अपनी बेटी को सहारा देते।) सिंधुताई ने अपनी जरूरतों को पूरा करने के लिए सड़कों और रेलवे स्टेशनों पर भीख मांगने का सहारा लिया। उनका जीवन अपने और अपनी बेटी के अस्तित्व के लिए किसी संघर्ष से कम नहीं था। रात को खुद को और बेटी को सुरक्षित रखने हेतु श्मशान में रहती। एक रात उन्होंने जलती चिता पर रोटियां बनाई फिर तो जैसे कयामत आ गई। वहां हर पशु, पक्षी उन पर क्रोध बरसाने लगे। ताई बहुत डर गई उन्हें अपने आसपास के एक मुर्दे से आई आवाज का एहसास हुआ, "ऐसे डर कर थोड़ी बैठ सकती है तू।" संघर्ष के दिनों में भी कई बार हिम्मत हार गई कई बार उन्होंने आत्महत्या की कोशिश की। मगर वह अपनी बेटी के लिए जिंदा रही।

उनके इस संघर्षमय काल में उन्होंने यह अनुभव किया कि देश में कितने सारे अनाथ बच्चे हैं जिनको एक मां की जरूरत है। तब उन्होंने निर्णय लिया कि जो भी अनाथ उनके पास आएगा वह उनकी मां बनेगी। अपनी बेटी को *श्री दगड़ूसेठ हलवाई, पुणे, महाराष्ट्र ट्रस्ट* में गोद दे दिया ताकि वे सारे अनाथ बच्चों की मां बन सके।

कई सालों तक कड़ी मेहनत करने के बाद सिंधुताई ने *चिकलदरा* में अपना पहला आश्रम बनाया। अपने आश्रमों के लिए धन जुटाने के लिए कई शहरों और गांवों का दौरा किया। जीवन से सबक लेते हुए उन्होंने महाराष्ट्र में अनाथ बच्चों के लिए 6 अनाथालय बनवाए। बच्चों को भोजन, शिक्षा और आश्रम प्रदान किया। उनके द्वारा चलाए जा रहे संगठनों ने असहाय और बेघर महिलाओं की भी सहायता की।

अपने अनाथालय को चलाने के लिए सिंधुताई ने पैसों के लिए कभी किसी के सामने हाथ नहीं फैलाया। बल्कि उन्होंने सार्वजनिक मंचों पर प्रेरक भाषण दिए और समाज के वंचितों और उपेक्षित वर्गों की मदद के लिए सार्वजनिक समर्थन मांगा। अपने

एक अविश्वसनीय भाषण में सिंधुताई ने अन्य लोगों को प्रेरणा प्रदान करने के लिए अपनी कहानी आम जनता तक पहुंचाने की अपनी इच्छा व्यक्त की। उनकी लोकप्रियता ने कभी भी उनके व्यक्तित्व पर काबू नहीं पाया। उनकी खुशी, उनके बच्चों के साथ होने, उनके सपनों को साकार करने और उन्हें जीवन में बसाने के बारे में है।

सिंधुताई ने अपना पूरा जीवन अनाथ बच्चों के लिए समर्पित किया। इसलिए उन्हें माई (मां) कहा जाता है। उन्होंने अनाथ बच्चों को गोद लिया। उनके परिवार में आज 207 दामाद और 36 बहुएं और 1000 से ज्यादा पोते-पोतिया हैं। उनकी अपनी बेटी वकील है और उनके गोद लिए बहुत सारे बच्चे आज डॉक्टर, अभियंता, व्यवसायी, वकील हैं और उनमें से बहुत सारे खुद का अनाथ आश्रम भी चलाते हैं।

सिंधुताई के पति जब 80 साल के हो गए तब वे शारीरिक रूप से बेहद कमजोर थे। ताई ने अपने पति को भी गोद ले लिया और उन्हें सच्चे दिल से माफ कर दिया। सिंधुताई को पति की मां भी कहा जाता है।

सिंधुताई को कुल 273 राष्ट्रीय और अंतरराष्ट्रीय पुरस्कार प्राप्त हुए, जिनमें अहिल्याबाई होल्कर, मदर टेरेसा अवार्ड्स फॉर सोशल जस्टिस आदि शामिल है। ताई कहती थी उन्हें कोई सहायता नहीं गिलती बरा अवॉर्ड्स गिनती हैं, वह हमेशा भाषण के बदले राशन लेती हैं।

उनके जीवन पर 2010 में अनंत नारायण महादेवन ने फिल्म बनाई जिसका नाम था 'श्री सिंधुताई सकपाल।' वे अपनी मां के प्रति आभार प्रकट करती हुई कहती हैं कि 'अगर उनकी मां ने उनको पति के घर से निकालने के बाद घर में सहारा दिया होता तो आज वह इतने सारे बच्चों की मां नहीं बन पाती।'

पद्मश्री से सम्मानित सिंधुताई का 73 वर्ष की उम्र में पुणे (महाराष्ट्र) में 4 जनवरी 2022 को दिल का दौरा पड़ने से निधन हो गया।

हमारी धारणा

भारतीय महिला के लिए जीवन आसान नहीं रहा है वह चाहे अमीर या गरीब हो। वे इतिहास में निरंकुश समाज के प्रकोप का सामना करती आ रही है। सामाजिक पाखंड के संदर्भ में समाज में व्याप्त खामियां कुछ लोगों की मानसिकता के परिणाम है जो महिलाओं के जीवन को हर क्षेत्र में दुखी कर रहे हैं।

लेकिन सवाल यह है कि कौन उन्हें अपनी मौजूदा सकल स्थितियों में से बाहर लाने जा रहा है? प्रत्येक व्यक्ति स्वयं का उद्धारकर्ता है। सिंधुताई इस बात का उदाहरण है।

सिंधुताई का जीवन बहुत ही 'संघर्षपूर्ण' रहा। संघर्ष का अर्थ है एक टकराव या तीव्र असंमहति (व्यक्तियों, विचारों, साथियों या उद्देश्यों के बीच) मानसिक संघर्ष जो जरूरतों, इच्छाओं या मांगों से उत्पन्न होता है। जो विरोध में है या संगत नहीं है। संघर्ष जीवन में उन्नति का मार्ग प्रशस्त करता है। सिंधुताई का जीवन संघर्ष की परम अवस्था में रहा- 'करो या मरो' की स्थिति।

'करो या मरो' की स्थिति में मरना आसान रास्ता लग सकता है लेकिन यह अस्थाई उपाय है। सिंधुताई ने पहला रास्ता 'करो' अपनाया। इस स्थिति में हमारा मस्तिष्क पूर्वाग्रह और धारणाओं से मुक्त होता है। और मस्तिष्क हमारा प्राकृतिक रूप से कार्य करता है। यानी जिस तरीके से काम करने के लिए बना है। यहां आपके जीवन की विपत्तियां आपके अंदर छुपे क्षमताओं को उत्कृष्ट रूप से जागृत करती हैं। ऐसी स्थिति में हमारे पास ज्यादा अवसर होते हैं अपने जीवन को पूर्णता से और अपने तरीके से जीने के। और यही जुनून आपको सिंधुताई के जैसे महानता की ओर ले जाते हैं। यह कुछ ऐसा है कि यदि परीक्षा में किसी प्रश्न का उत्तर आपको पता होता है तो आप प्रश्न को जिस रूप में लिखते हैं वह आपके प्रकृति है, मूल विचारधारा है।

किसी भी परिस्थिति से बाहर निकलने या किसी भी स्थिति पर पहुंचने की प्रक्रिया में समय लगता है। और यह समय अनिवार्य है। क्योंकि प्रकृति अपनी रफ्तार से काम करती हैं। उदाहरण के लिए आप अपने बच्चे के विकास को देखें। भ्रूणावस्था के बाद शैशवास्था, शैशवावस्था के बाद बाल्यावस्था, बाल्यावस्था के बाद

किशोरावस्था आदि का क्रम और प्रक्रिया प्राकृतिक है इसे बदला नहीं जा सकता।

यदि आज आप एक बीज बोते हैं तो कल दरख़्त नहीं बन जाएगा। अंकुरण, पौधा, फूल, फल आदि प्रक्रिया से गुजर कर ही दरख़्त बनता है। एक पुरानी कहावत तो सुनी ही होगी आपने: हथेली पर आम नहीं जमता। इसका अर्थ है सफलता की प्रक्रिया में समय लगता है। यह रातों-रात अपने आप नहीं मिलती। प्रयास करना होता है। संघर्ष में तपना पड़ता है

दुनिया के सबसे अमीर व्यक्तियों में से एक बिल गेट्स कहते हैं कि दूसरों की गरीबी दूर करने के लिए पहले अपनी आर्थिक स्थिति सही करो। हमारे पास जो होगा वही हम दूसरे को दे सकते हैं। *क्योंकि देना ही जीवन है।* मदद करने से आप विनम्रता और संवेदनशीलता को सुरक्षित रख पाते हैं। इससे आपके शरीर में जो हारमोंस रिलीज होता है वह आपकी क्रियाशीलता और उत्पादकता को बढ़ाता है। आपके जीवन को पूर्ण एवं सार्थक बनाता है।

इसलिए आपसे हम यही कहेंगे 'दें और जिएं'।

एकै साधे सब सधै, सब सधे सध जाएं।

सन्दर्भ

1. ए॰ पी॰ जे॰ अब्दुल कलाम - विकिपीडिया (wikipedia.org)

2. Dr. APJ Abdul Kalam Biography, शिक्षा, करियर, जीवन परिचय, पुरस्कार, नेटवर्थ, किताबें - ICDSUPWEB. ORG

3. APJ Abdul Kalam Birth Anniversary: इमली के बीज बेचे, स्टेशन पर 'फेंके' अखबार, ऐसा था कलाम साहब का बचपन - APJ Abdul Kalam 91st Birth Anniversary today 15 october 2022 Read the important things - AajTak

4. अग्नि की उड़ान, लेखक डॉ. ए.पी.जे.कलाम

5. ब्रूस ली - विकिपीडिया (wikipedia.org)

6. ब्रूस ली की जीवनी Bruce Lee Biography in Hindi (1hindi.com)

7. ब्रूस ली का जीवन परिचय |Bruce Lee biography in hindi - Deepawali

8. लिओनार्दो दा विंची के बारे में 17 रोचक तथ्य | Leonardo da Vinci In Hindi - ←GazabHindi→

9. लिओनार्दो दा विंची - विकिपीडिया (wikipedia.org)

10. Leonardo da Vinci Biography In Hindi लिओनार्दो दा विंची की जीवनी (gajabkhabar.com)

11. 71+Leonardo da Vinci Quotes in Hindi | लिओनार्दो दा विंची के प्रेरणादायक विचार (thesimplehelp.com)

12. Sandeep Maheshwari on Leonardo da Vinci | Hindi - YouTube

13. हाथ के जादूगर - Leonardo Da Vinci Biography In Hindi - New 2020 | 7 Moral

14. चायनीज फिलॉसफर लाओत्से के 46 चुनिन्दा कथन Lao Tzu Quotes (achhikhabar.com)

15. लाओ त्ज़ू - विकिपीडिया (wikipedia.org)

16. https://www.bing.com/search?q=lao+tzu+quotes+in+hindi&qs=n&form=QBRE&sp=-1&lq=0&pq=lao+tzu+quotes+in+hindi&sc=10-23&sk=&cvid=CFCDD473BB60417791CA95FD57F2B29A&ghsh=0&ghacc=0&ghpl=

17. सबकुछ अपनेआप कैसे मिलता है यह बताने वाला सूत्र | Tao Te Ching by Deep Trivedi (हिंदी में) - YouTube

18. अल्बर्ट आइंस्टीन - विकिपीडिया (wikipedia.org)

19. साधारण से दिखने वाले महान वैज्ञानिक थे अल्बर्ट आइंस्टीन - Albert Einstein | Webdunia Hindi

20. अल्बर्ट आइंस्टीन जीवनी - Biography of Albert Einstein in Hindi Jivani

21. स्टीव जॉब्स - विकिपीडिया (wikipedia.org)

22. स्टीव जॉब्स का जीवन परिचय व स्पीच | Steve Jobs Biography Speech In Hindi - Deepawali

23. स्टीव जॉब्स का प्रसिद्ध भाषण Steve Jobs Speech in Hindi (achhikhabar.com)

24. महात्मा गांधी - विकिपीडिया (wikipedia.org)

25. महात्मा गांधी का जीवन परिचय | Mahatma Gandhi in Hindi (hindiparichay.com)

26. 150+ Mahatma Gandhi Quotes In Hindi | महात्मा गांधी के अनमोल वचन (quoteshindi.net)

27. 50 Great Mahatma Gandhi Quotes in Hindi | महात्मा गांधी के विचार (hindisoch.com)

28. **The Steve Jobs Way by Jay Elliot**

29. **उसने गांधी को क्यों मारा, लेखक -अशोक कुमार पांडे**

30. गौतम बुद्ध - विकिपीडिया (wikipedia.org)

31. भगवान् गौतम बुद्ध जीवन परिचय | Gautam Buddha in Hindi (gyanipandit.com)

32. Gautam Budh - गौतम बुद्ध की पूरी जानकारी पढ़ें (examgkstudy.com)

33. मन को शांति देते भगवान बुद्ध के 101 विचार Lord Buddha Quotes in Hindi (achhikhabar.com)

34. Buddha Quotes in Hindi | गौतम बुद्ध के अनमोल विचार- जो मन को शांति देते हैं (thoughtsguruji.com)

35. Siddhartha by Herman Hess

36. भीमराव आम्बेडकर - विकिपीडिया (wikipedia.org)

37. https://www.gyanipandit.com/rumi-quotes

38. https://en.wikipedia.org/wiki/Rumi

39. ओशो - विकिपीडिया (wikipedia.org)

40. OSHO - Transform Yourself through the Science of Meditation

41. https://www.youtube.com/watch?v=flzJ3pNDX0k

42. https://www.youtube.com/watch?v=_rusYkfwiZU

43. हेलेन केलर - विकिपीडिया (wikipedia.org)

44. हेलन केलर जीवन परिचय | Helen Keller biography in Hindi (gyanipandit.com)

45. मेरी कहानी, लेखक हेलन केलर

46. सुकरात - विकिपीडिया (wikipedia.org)

47. सुकरात का जीवन परिचय Socrates Biography In Hindi (hihindi.com)

48. [2022] महान सुकरात की जीवनी जो अपने क्रांतिकारी विचारों और युवाओं - HindiLeaf

49. Top 20 Socrates Quotes In Hindi ~ महान दार्शनिक सुकरात के २० कथन जो आपकी आँखें खोल देंगी! ! | हिंदी साहित्य मार्गदर्शन (hindisahityadarpan.in)

50. दशरथ माँझी - विकिपीडिया (wikipedia.org)

51. दशरथ मांझी - द माउंटेन मैन जीवन परिचय - Deepawali

52. https://en.wikipedia.org/wiki/Manjhi_%E2%80%93_The_Mountain_Man

53. सिंधुताई सपकाल का जीवन परिचय | Sindhutai Sapkal Biography in Hindi (dilsedeshi.com)

54. सिन्धुताई सपकाल - विकिपीडिया (wikipedia.org)

55. Sindhutai Sapkal Biography in Hindi: शमशान की रोटी से सन्मान तक " OurCity

56. अब्राहम लिंकन का अपने बेटे के स्कूल हेडमास्टर को पत्र | Abraham Lincoln Letter (achhikhabar.com)

57. Abraham Lincoln Biography in Hindi | अब्राहम लिंकन जीवन परिचय | (biographyhindi.net)

58. अब्राहम लिंकन पर निबंध - Essay on Abraham Lincoln in Hindi for Students (hindikiduniya.com)

59. आपार प्रेरणा देते अब्राहम लिंकन के अनमोल विचार Abraham Lincoln Quotes (achhikhabar.com)

60. सुधा चन्द्रन - विकिपीडिया (wikipedia.org)

61. सुधा चंद्रन के संघर्ष की कहानी - Sudha Chandran Biography in Hindi (thesimplehelp.com)

62. अरुणिमा सिन्हा का जीवन परिचय - Biography of Arunima Sinha in Hindi (thesimplehelp.com)

63. एवरेस्ट की बेटी, लेखक अरुणिमा सिन्हा

64. https://youtu.be/ZyHsH7glAwg

65. https://youtu.be/FJtMnWwLSZw

66. https://youtu.be/35OkweBLYEQ

67. https://youtu.be/zl_87kiecsY

68. https://youtu.be/35OkweBLYEQ

69. https://youtu.be/8Cq7TohY72w

70. https://youtu.be/oOSuGZeLxFM

71. https://youtu.be/moPTzdUw4Gk

72. https://youtu.be/Ce-jWjqhLLY

73. https://youtu.be/qyTPcMpu1v0

74. https://youtu.be/pwAhaqYC10k

75. https://youtu.be/gEn5Sfb4_Bk

76. https://youtu.be/GHt6nZ46Mnk

77. https://youtu.be/O0jFJ-hei2k

9 798888 759508